Rudolf Steiner Taschenbücher
aus dem Gesamtwerk

Rudolf Steiner

Von Seelenrätseln

Anthropologie und Anthroposophie

Max Dessoir über Anthroposophie

Franz Brentano (Ein Nachruf)

Skizzenhafte Erweiterungen

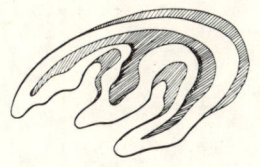

RUDOLF STEINER VERLAG

DORNACH SCHWEIZ

Herausgegeben von der Rudolf Steiner-Nachlaßverwaltung

1. Auflage Berlin 1917

Ungekürzte Ausgabe nach dem gleichnamigen Band
der Rudolf Steiner Gesamtausgabe
Bibliographie-Nr. 21, ISBN 3-7274-0210-5
5. Auflage Dornach 1983

Taschenbuchausgabe
1.–10. Tsd. Dornach 1983
11.–16. Tsd. Dornach 1993

Bestell-Nr. tb 6370

Zeichen auf dem Umschlag und Titelblatt von Rudolf Steiner

Alle Rechte bei der Rudolf Steiner-Nachlaßverwaltung, Dornach/Schweiz
© 1983 by Rudolf Steiner-Nachlaßverwaltung, Dornach/Schweiz
Printed in Germany by Clausen & Bosse, Leck

ISBN 3-7274-6370-8

INHALT

Vorwort 7
I. Anthropologie und Anthroposophie 11
II. Max Dessoir über Anthroposophie 34
III. Franz Brentano (Ein Nachruf) 78
IV. Skizzenhafte Erweiterungen des Inhaltes dieser Schrift 128
   1. Die philosophische Rechtfertigung der Anthroposophie 128
   2. Das Auftreten der Erkenntnisgrenzen 135
   3. Von der Abstraktheit der Begriffe 138
   4. Ein wichtiges Merkmal der Geist-Wahrnehmung 142
   5. Über die wirkliche Grundlage der intentionalen Beziehung 143
   6. Die physischen und die geistigen Abhängigkeiten der Menschen-Wesenheit 150
   7. Die Sonderung des Seelischen von dem Außer-Seelischen durch Franz Brentano 163
   8. Ein oft erhobener Einwand gegen die Anthroposophie 169
   9. Schlußbemerkung 171

Hinweise des Herausgebers 175
Literaturhinweis 180
Personenregister 181
Rudolf Steiner 185

VORWORT

Die in dieser Schrift vereinigten Aufsätze sind von mir geschrieben, um einiges von dem vorzubringen, was ich zu einer Rechtfertigung des anthroposophischen Erkenntnisweges glaube sagen zu müssen.

In dem ersten «Anthropologie und Anthroposophie» suche ich in einer kurzen Darstellung zu zeigen, wie wahre naturwissenschaftliche Betrachtung nicht nur in keinem Widerspruche steht mit demjenigen, was ich unter «Anthroposophie» verstehe, sondern wie der geisteswissenschaftliche Weg der letzteren von den Erkenntnismitteln der ersteren als etwas Notwendiges gefordert werden muß. Es muß eine anthroposophische Geisteswissenschaft geben, wenn die anthropologischen Erkenntnisse der Naturwissenschaft das sein wollen, was zu sein sie beanspruchen müssen. Entweder sind die Gründe für das Vorhandensein einer Anthroposophie berechtigte, oder es ist auch den naturwissenschaftlichen Einsichten kein Wahrheitswert zuzuerkennen. Dies bestrebe ich mich in dem ersten Aufsatze in einer Form auszusprechen, wie man sie in meinen bereits veröffentlichten Schriften ausgesprochen noch nicht, wenn auch veranlagt findet.

Von dem zweiten Aufsatze «Max Dessoir über Anthroposophie» gestehe ich, daß ich ein subjektives Verlangen, ihn zu schreiben, nicht gehabt habe. Allein er mußte geschrieben werden, weil durch die Unterlassung in manchen Kreisen die mißverständliche Meinung sich bilden könnte, der Vertreter der Anthroposophie scheue davor zurück, in eine wissenschaftliche Diskussion mit Vertretern anderer Vorstellungsarten einzutreten. Ich lasse ja viele Angriffe auf die Anthroposophie gänzlich unbeantwortet, nicht nur weil ich Polemik auf diesem Gebiete doch nicht als meine Aufgabe betrachte, sondern weil weitaus die meisten dieser Angriffe des Ernstes ermangeln, der für eine fruchtbare Diskussion in diesem Bereiche nötig ist. Auch diejenigen Angreifer, welche glauben aus wissenschaftlichen Beweggründen heraus die Anthroposophie bekämpfen zu sollen, wissen oftmals gar nicht, wie unwissenschaftlich ihre Einwände gegenüber dem wissenschaftlichen Denken sind, das die Anthroposophie für sich nötig hat. – Daß der Aufsatz über Max Dessoirs Angriff gegen die Anthroposophie nicht sein konnte, wozu ich ihn gerne gemacht hätte, bedauere ich außerordentlich. Ich wäre gerne in eine Diskussion eingetreten über die Vorstellungsart, zu der Dessoir sich bekennt, einerseits und die anthroposophische andrerseits. Statt dessen bin ich durch Dessoirs «Kritik» genötigt worden, zu zeigen, wie er ein Zerrbild meiner Anschauungen vor seine Leser bringt, und dann nicht über diese, sondern über das von ihm Vorgebrachte spricht, das mit meinen Anschauungen nicht das geringste zu tun hat. Ich mußte zeigen, wie Max Dessoir die Bücher «liest», die er zu bekämpfen unternimmt. Dadurch ist mein Aufsatz mit der Besprechung von Dingen erfüllt, die kleinlich erscheinen können. Wie soll man aber anders verfahren, wenn Kleinlichkeiten nötig sind, um die Wahrheit darzustellen? Ob Max Dessoir das Recht hat, die von mir vertretene Anthroposophie dadurch herabzusetzen, daß er sie in Geistesströmungen einreiht, von denen er sagt, sie seien «eine Mischung aus falschen Deutungen gewisser seelischer Vorgänge und falsch gewerteten Überbleibseln einer verschwundenen Weltanschauung»:

das zu beurteilen, überlasse ich den Lesern meiner Schrift, die aus dieser entnehmen werden, wie viel dieser «Kritiker» von meinen Anschauungen hat verstehen können nach der Art, wie er meine Bücher gelesen hat.*

Von dem dritten Aufsatz «Franz Brentano» (ein Nachruf) habe ich das Gegenteil zu sagen. Ihn zu schreiben, war mir tiefstes Bedürfnis. Und wenn ich in bezug auf ihn etwas bedauere, so ist es dieses, daß ich ihn nicht vor langer Zeit habe schreiben und den Versuch unternehmen können, ihn Brentano noch vor Augen treten zu lassen. Allein trotzdem ich ein eifriger Leser von Brentanos Schriften seit sehr langer Zeit bin: erst jetzt ist mir sein Lebenswerk so vor die Seele getreten, daß ich das Verhältnis desselben zur Anthroposophie in der Art darstellen kann, wie es in dieser Schrift geschieht. Der Hingang des verehrten Mannes hat mich gedrängt, dieses Lebenswerk wieder in Gedanken durchzuleben; und daraus sind die Ansichten über dasselbe erst zu dem vorläufigen Abschluß gekommen, welcher den Ausführungen meines Aufsatzes zugrunde liegt.

Angegliedert habe ich an diese drei Aufsätze «Skizzenhafte Erweiterungen des Inhaltes dieser Schrift», die anthroposophische Forschungsergebnisse darstellen. Die Verhältnisse der Gegenwart bringen es mit sich, daß ich in diesen Darstellungen Andeutungen über Ergebnisse gebe, die eigentlich eine viel ausführlichere Besprechung not-

---

* Über andere gegnerische Schriften und Aufsätze vergleiche die Schlußbemerkung dieser Schrift. Im Grunde empfinde ich es als dem Ernste dieser Zeit nicht angemessen, solche Polemik erscheinen zu lassen, wie die mir durch Dessoirs Schrift *notwendig* gewordene. Allein ich *durfte* mich in diesem Falle der Antwort auf die Herausforderung durch einen *solchen* Angriff nicht entziehen.

wendig machen, wie ich sie bisher – aber auch nur teilweise – in mündlichen Vorträgen vorgebracht habe. Ich ziehe in diesen Darstellungen einige der wissenschaftlichen Fäden, die von der Anthroposophie zur Philosophie, zur Psychologie und zur Physiologie gezogen werden müssen.

Es könnte wohl scheinen, als ob in der gegenwärtigen Zeit die Interessen des Menschen nach anderer Richtung gehen müßten als diejenige ist, in welcher die folgenden Betrachtungen sich bewegen. Doch glaube ich, daß man nicht nur nicht abgezogen von den ernsten Pflichten dieser unmittelbaren Gegenwart gegenüber durch solche Betrachtungen wird, sondern daß, was in ihnen liegt, gerade *dieser* Gegenwart dient durch Impulse, die vielleicht weniger unmittelbar hervorstechende, aber dafür um so stärkere Beziehungen zu dem Erleben dieser Gegenwart haben.

Berlin, 10. September 1917   RUDOLF STEINER

I

ANTHROPOLOGIE UND ANTHROPOSOPHIE

Max Dessoirs Buch «Vom Jenseits der Seele» enthält einen kurzen Abschnitt, in dem die von mir vertretene anthroposophisch orientierte Geisteswissenschaft als wissenschaftlich unberechtigt gekennzeichnet werden soll.* Nun könnte es manchem scheinen, als ob eine Diskussion mit Persönlichkeiten, welche auf dem wissenschaftlichen Gesichtspunkte Dessoirs stehen, für den Vertreter der geisteswissenschaftlichen Anthroposophie unter allen Umständen unfruchtbar sein müsse. Denn der letztere muß ein rein geistiges Erfahrungsgebiet behaupten, das der erstere grundsätzlich ablehnt und in den Bereich der Phantasiegebilde verweist. Man könne also über die in Betracht kommenden geisteswissenschaftlichen Erkenntnisse nur mit jemand sprechen, der von vornherein Gründe zu haben glaubt dafür, daß das gemeinte geisteswissenschaftliche Gebiet eine Wirklichkeit ist. – Diese Ansicht wäre richtig, wenn der Vertreter der Anthroposophie nichts anderes vorbrächte als seine inneren persönlichen Erlebnisse, und diese sich einfach neben die Ergebnisse der auf Sinnesbeobachtung und wissenschaftliche Verarbeitung dieser Beobachtung begründeten Wissenschaft hinstellten. Dann könnte man sagen: der Bekenner der so gekennzeichneten

* Vergleiche *Max Dessoir:* «Vom Jenseits der Seele», die Geheimwissenschaften in kritischer Betrachtung [Stuttgart 1917]. Der im besonderen über Anthroposophie handelnde Abschnitt umfaßt die Seiten 254-263.

Wissenschaft lehne es eben ab, die Erlebnisse des Erforschers des Geistgebietes als Wirklichkeiten anzusehen, und dieser könne mit dem von ihm Vorgebrachten nur auf solche Persönlichkeiten Eindruck machen, die von vorneherein sich auf seinen Gesichtspunkt stellen.

Nun beruht aber diese Meinung doch nur auf einer mißverständlichen Auffassung dessen, was von mir Anthroposophie genannt wird. Richtig ist, daß diese Anthroposophie auf seelischen Erfahrungen beruht, die unabhängig von den Eindrücken der Sinneswelt und auch unabhängig von den wissenschaftlichen Urteilen gewonnen werden, die nur auf die Sinneseindrücke sich stützen. Es muß also zugegeben werden, daß beide Arten von Erfahrungen zunächst wie durch eine unübersteigliche Kluft geschieden scheinen. – Doch dieses entspricht nicht der Wahrheit. Es gibt ein gemeinsames Gebiet, auf dem sich beide Forschungsrichtungen begegnen müssen, und auf dem eine Diskussion möglich ist über dasjenige, was von der einen und der anderen vorgebracht wird. Dies gemeinsame Gebiet läßt sich auf die folgende Art kennzeichnen.

Der Vertreter der Anthroposophie glaubt aus Erfahrungen heraus, die nicht nur seine persönlichen Erlebnisse sind, behaupten zu dürfen, daß die menschlichen Erkenntnisvorgänge von dem Punkte an weiter entwickelt werden können, bei dem derjenige Forscher halt macht, der sich nur auf Sinnesbeobachtung und Verstandesurteil über diese Sinnesbeobachtung stützen will. Ich möchte in dem Folgenden, um fortwährenden langatmigen Umschreibungen zu entgehen, die auf Sinnesbeobachtung und verstandesgemäße Bearbeitung der Sinnesbeobachtung gestützte Wissenschaftsrichtung Anthropologie nennen und bitte den

Leser, mir diesen nicht gewöhnlichen Gebrauch dieses Ausdruckes zu gestatten. Er soll in den folgenden Ausführungen nur für das hier Gekennzeichnete angewendet werden. In diesem Sinne meint Anthroposophie mit ihrer Forschung da beginnen zu können, wo Anthropologie aufhört.*

Der Vertreter der Anthropologie bleibt dabei stehen, die in der Seele erlebbaren Verstandesbegriffe auf die Sinneserlebnisse zu beziehen. Der Vertreter der Anthroposophie macht die Erfahrung, daß diese Begriffe, abgesehen davon, daß sie auf die Sinneseindrücke bezogen werden sollen, noch ein eigenes Leben für sich in der Seele entfalten können. Und daß sie, indem sie dieses Leben innerhalb der Seele entfalten, in dieser selbst eine Entwickelung zustande bringen. Er wird sich bewußt, wie die Seele, wenn sie auf diese Entwickelung die notwendige Aufmerksamkeit wendet, innerhalb ihres Wesens die Entdeckung macht, daß sich in ihr Geistorgane offenbaren. (Ich gebrauche diesen Ausdruck «Geistorgane», indem ich erweiternd den Sprachgebrauch aufnehme, dem Goethe aus seiner

* Obgleich dasjenige, was von mir als «Anthroposophie» vertreten wird, in seinen Ergebnissen auf einem ganz anderen Boden steht als die Ausführungen *Robert Zimmermanns* in seinem 1881 erschienenen Buche «Anthroposophie», so glaube ich doch den von Zimmermann gekennzeichneten Begriff des Unterschiedes von Anthroposophie und Anthropologie gebrauchen zu dürfen. Zimmermann faßt aber als den Inhalt seiner «Anthroposophie» nur die von der Anthropologie gelieferten Begriffe in ein abstraktes Schema. Ihm liegt das erkennende Schauen, auf dem die von mir gemeinte Anthroposophie ruht, nicht im Bereiche der wissenschaftlichen Forschungswege. Seine Anthroposophie unterscheidet sich von der Anthropologie nur dadurch, daß die erstere die von der letzteren erhaltenen Begriffe erst einem dem Herbartschen Philosophieren ähnlichen Verfahren unterwirft, bevor sie dieselben zum Inhalte ihres rein verstandesmäßigen Ideen-Schemas macht.

Weltanschauung heraus gefolgt ist, als er die Ausdrücke «Geistes-Augen», «Geistes-Ohren» anwandte.)* Solche Geistorgane stellen dann für die Seele Bildungen dar, die für sie ähnlich gedacht werden dürfen wie die Sinnesorgane für den Leib. Selbstverständlich dürfen sie *nur* seelisch gedacht werden. Jeder Versuch, sie mit irgendeiner leiblichen Bildung zusammenzubringen, muß von der Anthroposophie strengstens abgelehnt werden. Sie muß ihre Geistorgane so vorstellen, daß sie in keiner Weise aus dem Bereich des Seelischen heraustreten und in das Gefüge des Leiblichen übergreifen. Ihr gilt ein solches Übergreifen als krankhafte Bildung, die sie aus ihrem Bereich streng ausschließt. Die Art, wie innerhalb der Anthroposophie über die Entwickelung der Geistorgane gedacht wird, sollte für denjenigen, der sich über diese Art wirklich unterrichtet, ein genügend starker Beweis sein dafür, daß über abnorme Seelenerlebnisse, über Illusionen, Visionen, Halluzinationen usw. für den Erforscher des wirklichen Geistgebietes keine anderen Vorstellungen vorhanden sind als die auch innerhalb der Anthropologie berechtigten.** Eine Verwechselung der anthroposophischen Ergebnisse mit abnormen sogenannten Seelenerlebnissen beruht immer auf Mißverständnis oder ungenügender Kenntnis des in der Anthroposophie Gemeinten. Auch kann derjenige, der

* Eine ausführlichere Darstellung und Rechtfertigung dieser Vorstellung von «Geistorganen» findet man in meinem Buche «Vom Menschenrätsel» [GA 1957], Seite 146 ff. und in meinen auf Goethes Weltanschauung bezüglichen Schriften. [GA = Rudolf Steiner Gesamtausgabe]

** Die inneren Erlebnisse, welche von der Seele durchzumachen sind, um zu dem Gebrauch ihrer Geistorgane zu kommen, findet man in einer Reihe meiner Schriften geschildert, besonders in meinem Buche: «Wie erlangt man Erkenntnisse der höheren Welten?» und im zweiten Teile meiner «Geheimwissenschaft».

einsichtsvoll verfolgt, wie Anthroposophie den Weg zur Entwickelung der Geistorgane darstellt, gewiß nicht auf die Meinung verfallen, dieser Weg könne zu krankhaften Bildungen oder Zuständen führen. Der Einsichtsvolle sollte vielmehr erkennen, daß alle Stufen des seelischen Erfahrens, welche der Mensch im Sinne der Anthroposophie auf dem Wege zur Geist-Anschauung erlebt, in einem Gebiete liegen, das ganz nur seelisch ist, und neben dem das Erleben der Sinne und die gewöhnliche Verstandestätigkeit unverändert so verlaufen, wie sie vor der Entstehung dieses Gebietes verlaufen sind. Daß gerade in bezug auf diese Seite der anthroposophischen Erkenntnis viele Mißverständnisse herrschen, rührt davon her, daß es manchen Menschen Schwierigkeiten bereitet, ein rein Seelisches in den Bereich ihrer Aufmerksamkeit zu ziehen. Solche Menschen werden sogleich verlassen von der Kraft ihres Vorstellens, wenn dieses nicht gestützt ist durch den Hinblick auf sinnlich Wahrnehmbares. Es dämpft sich dann deren Vorstellungskraft herunter selbst unter das Maß von Stärke, die im Träumen herrscht, bis zu jenem niedrigen Grade, der für das Vorstellen im traumlosen Schlafe vorhanden ist, und der nicht mehr bewußt wird. Man kann sagen, solche Menschen sind in ihrem Bewußtsein erfüllt von den Nachwirkungen oder der unmittelbaren Wirkung der Sinnes-Eindrücke, und es geht neben diesem Erfüllt-Sein ein Verschlafen alles dessen einher, das als Seelisches erkannt würde, wenn es erfaßt werden könnte. Man kann sogar sagen, daß das Seelische in seiner Eigenart deshalb von vielen Menschen dem schärfsten Mißverständnis ausgesetzt wird, nur weil sie gegenüber demselben nicht in der gleichen Art aufwachen können wie gegenüber dem sinnlichen Inhalt des Bewußtseins. Daß Menschen mit nur denjenigen Aufmerksamkeitsgraden, welche das gewöhnliche äußere Leben bewirkt, in solcher Lage sind, braucht niemand in Verwunderung zu versetzen, der im rechten Lichte zum Beispiel zu sehen vermag, welche Lehre aus einem Vorwurfe zu ziehen ist, den Franz Brentano dem Philosophen William James mit Bezug auf diese Sache machen muß. Brentano schreibt, daß man «zwischen der empfindenden Tätigkeit und dem, worauf sie gerichtet ist, also zwischen Empfinden und Empfundenem, zu unterscheiden» habe («und sie sind so sicher verschieden als mein gegenwärtiges Mich-Erinnern und das Ereignis, das mir dabei als vergangen vorschwebt, oder, um einen noch drastischeren Vergleich anzuwenden, mein Haß eines Feindes und der Gegenstand dieses Hasses verschieden sind») und er macht dazu die Bemerkung, daß man den Irrtum, gegen den sich diese Worte richten, «da und dort auftauchen» sehe. Er sagt weiter: «Unter anderen hat William James ihn sich eigen gemacht, und auf dem Internationalen Kongreß für Psychologie, Rom 1905, in längerer Rede zu begründen versucht. Weil mir, wenn ich in einen Saal blicke, zugleich mit dem Saal auch mein Sehen erscheint; weil ferner Phantasiebilder von sinnlichen Gegenständen sich von objektiv erregten Sinnesbildern derselben nur graduell unterscheiden; weil endlich Körper von uns schön genannt werden, der Unterschied von Schön und Häßlich aber zu dem Unterschiede von Gemütsbewegungen in Beziehung steht: so sollen psychisches und physisches Phänomen nicht mehr als zwei Klassen von Erscheinungen gelten. – Es ist mir schwer verständlich, wie sich dem Redner selbst die Schwäche dieser Argumente nicht fühlbar gemacht hat.

Zugleich erscheinen heißt nicht als dasselbe erscheinen, wie zugleich sein nicht so viel ist als dasselbe sein. Und darum konnte Descartes ohne Widerspruch empfehlen, zunächst wenigstens zu leugnen, daß der Saal, den ich sehe, sei, und nur daran, daß das Sehen des Saales sei, als an etwas Unzweifelhaftem festzuhalten. Ist aber das erste Argument hinfällig, dann offenbar auch das zweite; denn was verschlüge es, wenn ein Phantasieren von einem Sehen sich nur durch den Intensitätsgrad unterschiede, da, selbst wenn auch dieser ausgeglichen wäre, die volle Gleichheit des Phantasierens mit dem Sehen nach eben dem Gesagten nur die Gleichheit mit einem psychischen Phänomen bedeuten würde? Im dritten Argument wird von Schönheit gesprochen ... Es ist nun aber gewiß eine seltsame Logik, welche daraus, daß» das Wohlgefallen am Schönen «etwas Psychisches ist, schließen will, daß auch das, an dessen Erscheinung es geknüpft ist, etwas Psychisches sein müsse. Wäre dies richtig, so wäre auch jedes Mißfallen identisch mit dem, woran einer ein Mißfallen hat, und man müßte sich wohl hüten, einen begangenen Fehler zu bereuen, da in dieser mit ihm identischen Reue der Fehltritt selbst sich wiederholen würde. – Bei solcher Lage der Dinge dürfte es denn doch nicht wohl zu fürchten sein, daß die Autorität von James, der sich leider unter den deutschen Psychologen die eines Mach gesellt, viele dazu verleiten werde, die augenfälligsten Unterschiede zu verkennen.»* Jedenfalls ist diese «Verkennung der augenfälligsten Unterschiede» keine seltene Tatsache. Und sie beruht darauf, daß die Kraft des Vorstellens die nötige Aufmerksamkeit nur für

---

* Vergleiche *Franz Brentano:* «Untersuchungen zur Sinnespsychologie» (Leipzig, 1907), Seite 96f.

den Sinneseindruck entfalten kann, während das eigentlich Seelische, das dabei vorgeht, dem Bewußtsein sich nicht stärker vergegenwärtigt als das im Zustand des Schlafes Erlebte. Man hat es mit zwei Strömungen von Erlebnissen zu tun, von denen die eine wachend erfaßt, die andere aber – die seelische – gleichzeitig nur mit einer der abgeschwächten Vorstellungskraft des Schlafes gleichkommenden, also fast mit gar keiner Aufmerksamkeit ergriffen wird. Es darf eben durchaus nicht außer acht gelassen werden, daß während des gewöhnlichen Wachzustandes des Menschen die seelische Verfassung des Schlafes nicht einfach aufhört, sondern neben dem Wachen fortdauert, und daß das eigentlich Seelische nur dann in den Bereich des Wahrnehmens tritt, wenn der Mensch nicht bloß für die Sinneswelt erwacht, wie dies im gewöhnlichen Bewußtsein stattfindet, sondern auch für das seelische Dasein, wie das im *schauenden Bewußtsein* der Fall ist. Ob nun durch das im Wachen fortdauernde Schlafen für das Seelische dieses letztere – im grob materialistischen Sinne – geleugnet wird, oder ob, weil es nicht gesehen, mit dem Physischen zusammengeworfen wird, wie im Falle James', ist fast gleichgültig; die Ergebnisse sind fast die gleichen: beides führt zu verhängnisvollen Kurzsichtigkeiten. Nicht verwunderlich aber ist, daß so oft das Seelische unwahrnehmbar bleibt, wenn selbst ein Philosoph wie W. James es nicht in richtiger Art von dem Physischen zu scheiden vermag.*

Wer so wenig wie W. James das wesentlich Seelenhafte von den durch die Sinne erlebten Seelen-Inhalten abson-

---

* Genaueres über dieses Erwachen derjenigen seelischen Fähigkeiten, welche im gewöhnlichen Bewußtsein unerwacht sind, findet man in meinem Buche «Vom Menschenrätsel» [GA 1957], Seite 156 ff.

dern kann, mit dem läßt sich schwer sprechen von demjenigen Gebiete im Seelendasein, innerhalb dessen die Entwickelung der Geistorgane beobachtet werden soll. Denn diese Entwickelung geht eben dort vor sich, wohin sich seine Aufmerksamkeit nicht zu wenden vermag. Sie führt von dem verstandesmäßigen zum schauenden Erkennen.*

Nun ist aber durch die Fähigkeit, das wesenhaft Seelische wahrzunehmen, noch nichts weiter erreicht, als eine allererste Vorbedingung, die es möglich macht, den geistigen Blick dahin zu lenken, wo die Anthroposophie die Entwickelung der Seelenorgane sucht. Denn, was sich zunächst diesem Blicke darbietet, das verhält sich zu dem, wovon Anthroposophie als von dem mit Geistorganen ausgerüsteten Seelenwesen spricht, wie eine undifferenzierte lebendige Zelle zu einem mit Sinnesorganen ausgestatteten Lebewesen. Die einzelnen Geistorgane selbst aber werden nur in dem Maße der Seele als ihr Besitz bewußt, in dem sie dieselben zu gebrauchen vermag. Denn diese Organe sind nicht etwas Ruhendes; sie sind in fortwährender Beweglichkeit. Und wenn sie nicht im Gebrauche sind, kann man sich auch ihres Vorhandenseins nicht bewußt sein. Für sie fällt also Wahrnehmen und im Gebrauche Stehen zusammen. Wie die Entwickelung dieser Organe und damit auch ihre Wahrnehmbarkeit zutage tritt, das findet man in meinen anthroposophischen Schriften geschildert. Ich will hier nur auf einiges in dieser Richtung Liegendes hinweisen.

---

* Eine noch weiter gehende Begründung dieser Ausführungen findet man in den am Schlusse stehenden «Skizzenhaften Erweiterungen des Inhaltes dieser Schrift»: «1. Die philosophische Rechtfertigung der Anthroposophie.»

Wer sich dem Nachdenken über die durch die Sinnes-Erscheinungen bewirkten Erlebnisse hingibt, der stößt überall auf Fragen, zu deren Beantwortung ihm dieses Nachdenken zunächst unzulänglich erscheint. Im Verfolg solchen Nachdenkens kommen die Vertreter der Anthropologie zur Festlegung von Erkenntnisgrenzen. Es braucht nur daran erinnert zu werden, wie Du Bois-Reymond in seiner Rede über die Grenzen des Naturerkennens davon spricht, daß man nicht wissen könne, welches das Wesen der Materie ist, und welches dasjenige der einfachsten Bewußtseinserscheinung. Man kann nun an solchen Punkten des Nachdenkens stehen bleiben und sich der Meinung hingeben: da liegen eben für den Menschen unübersteigliche Erkenntnisschranken. Und man kann demgemäß sich dabei beruhigen, daß der Mensch nur innerhalb des von diesen Schranken umschlossenen Gebietes ein Wissen erlangen könne und darüber hinaus nur ein Ahnen, Fühlen, Hoffen, Wünschen möglich sei, mit denen eine «Wissenschaft» nichts zu tun haben könne. – Oder man kann in diesem Punkte anheben, Hypothesen auszubilden über ein Gebiet, das über das Sinnlich-Wahrnehmbare hinausliegt. Man bedient sich in einem solchen Falle des Verstandes, von dem man glaubt, daß er seine Urteile über ein Gebiet ausdehnen dürfe, von dem die Sinne nichts wahrnehmen. Man wird sich mit einem solchen Verfahren der Gefahr aussetzen, daß der in dieser Beziehung Ungläubige erwidert, der Verstand habe keine Berechtigung, über eine Wirklichkeit zu urteilen, für die ihm die Grundlage der Sinneswahrnehmungen entzogen ist. Denn diese allein gäben seinen Urteilen einen Inhalt. Ohne einen solchen Inhalt blieben seine Begriffe leer.

Die anthroposophisch orientierte Geisteswissenschaft verhält sich nicht in der einen und nicht in der andern dieser beiden Arten zu den «Erkenntnisgrenzen». In der zweiten nicht, weil sie mit denjenigen der gleichen Ansicht sein muß, welche empfinden, daß man gewissermaßen allen Boden für das Nachdenken verliert, wenn man die Vorstellungen so beläßt, wie man sie an den Sinneswahrnehmungen gewonnen hat, und sie doch über dieses Gebiet hinaus anwenden will. – In der ersten Art nicht, weil sie gewahr wird, daß sich an den sogenannten Grenzen des Erkennens etwas seelisch erleben läßt, das mit dem aus der Sinneswahrnehmung gewonnenen Vorstellungs-Inhalt nichts zu tun hat. Wenn die Seele nur *diesen* Inhalt sich vergegenwärtigt, dann muß sie bei wahrer Selbstbesinnung sich sagen: dieser Inhalt kann unmittelbar nicht etwas anderes dem Erkennen offenbaren als eine Nachbildung des sinnlich Erlebten. Anders wird die Sache, wenn die Seele dazu übergeht, sich zu fragen: was läßt sich in ihr selbst erfahren, wenn sie mit solchen Vorstellungen sich erfüllt, zu denen sie an den gewöhnlichen Erkenntnisgrenzen geführt wird? Sie kann sich dann bei entsprechender Selbstbesinnung sagen: erkennen im gewöhnlichen Sinne kann ich mit solchen Vorstellungen nichts; aber in dem Falle, in dem ich mir *diese* Ohnmacht des Erkennens recht innerlich anschaulich mache, werde ich gewahr, wie diese Vorstellungen in mir selbst wirken. Als gewöhnliche Erkenntnisvorstellungen bleiben sie stumm; aber in eben dem Maße, als sich ihre Stummheit dem Bewußtsein immer mehr mitteilt, gewinnen sie ein eigenes inneres Leben, das mit dem Leben der Seele eine Einheit wird. Und die Seele bemerkt dann, wie sie mit diesem Erleben in einer Lage ist, die sich

etwa mit der Lage eines blinden Wesens vergleichen läßt, das auch noch keine besondere Ausbildung seines Tastsinnes erfahren hat. Ein solches Wesen würde zunächst überall hin anstoßen. Es würde den Widerstand der äußeren Wirklichkeiten empfinden. Und aus dieser allgemeinen Empfindung könnte sich ein inneres Leben entwickeln, erfüllt von einem primitiven Bewußtsein, das nicht mehr bloß die allgemeine Empfindung hat: ich stoße an Dinge, sondern das diese Empfindung in sich vermannigfaltigt und Härte von Weichheit, Glätte von Rauhigkeit usw. unterscheidet. – In dieser Art kann die Seele das Erlebnis in sich erfahren und vermannigfaltigen, das sie mit der an den Erkenntnisgrenzen gebildeten Vorstellungen hat. Sie lernt erfahren, daß diese Grenzen nichts anderes darstellen als dasjenige, was entsteht, wenn sie von der geistigen Welt seelisch berührt wird. Das Gewahrwerden solcher Grenzen wird der Seele zu einem Erlebnis, das sich vergleichen läßt mit dem Tast-Erlebnis auf dem sinnlichen Gebiete.*
Was sie vorher als Grenze des Erkennens bezeichnet hat, in dem sieht sie nunmehr die geistig-seelische Berührung durch eine geistige Welt. Und aus dem besonnenen Erleben, das sie mit den verschiedenen Grenzvorstellungen haben kann, besondert sich ihr die allgemeine Empfindung einer geistigen Welt zu einem mannigfaltigen Wahrnehmen derselben. Auf solche Art wird die gewissermaßen

* Erkenntnisgrenzen wie die oben besprochenen treten nicht bloß in der geringen Zahl auf, in der sie manchem zum Bewußtsein kommen; sie ergeben sich in großer Menge auf den Wegen, die das Nachdenken durch sein inneres Wesen einschlagen muß, um in ein Verhältnis zur wahren Wirklichkeit zu kommen. Man vergleiche dazu in dem letzten Abschnitt «Skizzenhafte Erweiterungen des Inhaltes dieser Schrift» das Kapitel: «Das Auftreten der Erkenntnisgrenzen.»

niedrigste Art der Wahrnehmbarkeit der geistigen Welt zum Erlebnis. Es ist damit nur das erste Aufschließen der Seele für die geistige Welt gekennzeichnet. Aber es ist auch gezeigt, daß in demjenigen, was die von mir gemeinte Anthroposophie als geistige Erlebnisse anstrebt, nicht auf allgemeine nebulose gefühlsmäßige Selbsterlebnisse der Seele gedeutet wird, sondern auf etwas, das in gesetzmäßiger Art in einem wirklichen inneren Erleben entwickelt wird. Es kann hier nicht der Ort sein, zu zeigen, wie die erste primitive Geist-Wahrnehmung durch weitere seelische Verrichtungen gesteigert wird, so daß, wie von einem geistig-seelischen Tasten, auch von anderen gewissermaßen höheren Wahrnehmungsarten gesprochen werden kann. Es muß bezüglich der Schilderung solcher seelischer Verrichtungen auf meine anthroposophischen Bücher und Aufsätze verwiesen werden. Hier sollte nur das Prinzipielle angedeutet werden über die geistige Wahrnehmung, von welcher die Anthroposophie spricht.

Durch einen Vergleich möchte ich noch veranschaulichen, wie anders das ganze Verhalten der Seele innerhalb der anthroposophischen Geistes-Erforschung ist als in der Anthropologie. Man stelle sich eine Anzahl von Weizenkörnern vor. Man kann diese als Nahrungsmittel verwenden. Man kann sie aber auch in die Erde setzen, so daß sich andere Weizenpflanzen aus ihnen entwickeln. Man kann Vorstellungen, die man durch die Sinnes-Erlebnisse gewonnen hat, so im Bewußtsein halten, daß man in ihnen das Nach-bilden der sinnenfälligen Wirklichkeit erlebt. Und man kann sie auch so erleben, daß man die Kraft in der Seele wirksam sein läßt, die sie in derselben durch dasjenige ausüben, was sie sind, abgesehen davon, daß sie ein

Sinnliches abbilden. Die erste Wirkungsweise der Vorstellungen in der Seele läßt sich vergleichen mit dem, was durch die Weizenkörner wird, wenn sie als Nahrungsmittel von einem Lebewesen aufgenommen werden. Die zweite mit der Hervorbringung einer neuen Weizenpflanze durch jedes Samenkorn. – Der Vergleich darf allerdings nur so gedacht werden, daß man berücksichtigt: aus dem Samenkorn wird eine der Vorfahren-Pflanze ähnliche; aus der in der Seele wirksamen Vorstellung wird innerhalb der Seele eine der Bildung von Geistorganen dienliche Kraft. Und berücksichtigt muß auch werden, daß das erste Bewußtsein solcher innerer Kräfte nur an so stark wirksamen Vorstellungen entzündet werden kann, wie es die gekennzeichneten Grenzvorstellungen sind, daß aber, wenn dieses Bewußtsein für solche Kräfte einmal erwacht ist, ihm in allerdings geringerem Maße auch andere Vorstellungen dienstbar sein können, um den eingeschlagenen Weg weiter zu gehen.

Zugleich weist dieser Vergleich auf etwas hin, das sich der anthroposophischen Forschung über das Wesen des Vorstellungslebens ergibt. Wie das Samenkorn, wenn es zum Nahrungsmittel verarbeitet wird, aus derjenigen Entwickelungsströmung herausgehoben wird, die in seiner ureigenen Wesenheit liegt und zur Bildung einer neuen Pflanze führt, so wird die Vorstellung aus der ihr wesentlichen Entwickelungsrichtung abgelenkt, wenn sie von der vorstellenden Seele zur Nachbildung einer Sinneswahrnehmung verwendet wird. Die der Vorstellung durch ihr eigenes Wesen entsprechende Entwickelung ist die, in der Entwickelung der Seele als Kraft zu wirken. Ebenso wie man die der Pflanze eigenen Entwickelungsgesetze nicht findet, wenn man die Samen auf ihren Nahrungswert hin untersucht, ebenso wenig findet man das Wesen der Vorstellung, wenn man untersucht, inwiefern sie die nachbildende Erkenntnis der durch sie vermittelten Wirklichkeit hervorbringt. Es soll damit nicht gesagt sein, daß diese Untersuchung nicht angestellt werden könnte. Sie kann dies ebenso, wie diejenige über den Nahrungswert der Pflanzensamen. Aber wie man durch das letztere sich über etwas anderes aufklärt als über die Entwickelungsgesetze des Pflanzenwachstums, so erlangt man durch eine Erkenntnistheorie, welche die Vorstellungen auf ihren nachbildenden Erkenntniswert hin prüft, über etwas anderes Aufschluß als über das Wesen des Vorstellungslebens. So wenig das Samenkorn es in seinem Wesen vorgezeichnet hat, Nahrung zu werden, so wenig liegt es im Wesen der Vorstellung, nachbildende Erkenntnis zu liefern. Ja, man kann sagen, wie die Verwendung als Nahrungsmittel etwas für das Samenkorn ganz Äußerliches ist, so ist es das erkenntnismäßige Nachbilden für die Vorstellungen. In Wahrheit ergreift in den Vorstellungen die Seele ihr eigenes sich entwickelndes Wesen. Und erst durch die eigene Tätigkeit der Seele geschieht es, daß die Vorstellungen zu Vermittlern der Erkenntnis einer Wirklichkeit werden.*

Die Frage nun, wie die Vorstellungen zu solchen Erkenntnisvermittlern werden, muß die anthroposophische Beobachtung, welche sich der Geistorgane bedient, anders beantworten als die Erkenntnistheorien es tun, welche diese

---

* Eine ausführlichere Begründung der in obigem gegebenen Gedanken findet man in dem letzten Abschnitt des 2. Bandes meiner «Rätsel der Philosophie»: «Skizzenhaft dargestellter Ausblick auf eine Anthroposophie» [GA 1968], Seiten 594-627.

Beobachtung ablehnen. Für diese anthroposophische Beobachtung ergibt sich das Folgende.

So wie die Vorstellungen ihrem ureigenen Wesen nach sind, bilden sie zwar einen Teil des Lebens der Seele; aber sie können nicht in der Seele bewußt werden, so lange diese nicht ihre Geistorgane bewußt gebraucht. Sie bleiben, so lange sie ihrem Eigenwesen nach lebendig sind, in der Seele unbewußt. Die Seele *lebt* durch sie, aber sie kann nichts von ihnen *wissen*. Sie müssen ihr eigenes Leben herabdämpfen, um bewußte Seelenerlebnisse des gewöhnlichen Bewußtseins zu werden. Diese Herabdämpfung geschieht durch jede sinnliche Wahrnehmung. So kommt, wenn die Seele einen Sinneseindruck empfängt, eine Herablähmung des Vorstellungslebens zustande; und die herabgelähmte Vorstellung erlebt die Seele bewußt als den Vermittler einer Erkenntnis der äußeren Wirklichkeit.* Alle Vorstellungen, die von der Seele auf eine äußere Sinnes-Wirklichkeit bezogen werden, sind innere Geist-Erlebnisse, deren Leben herabgedämpft ist. In allem, das man über eine äußere Sinneswelt denkt, hat man es mit den ertöteten Vorstellungen zu tun. Nun geht aber das Vorstellungs*leben* nicht etwa verloren, sondern es führt sein Dasein, getrennt von dem Gebiete des Bewußtseins, in den nicht bewußten Sphären der Seele. Und da wird es von den Geistorganen wiedergefunden. So wie nun die abgetöteten Vorstellungen von der Seele auf die Sinneswelt bezogen werden können, so die mit den Geistorganen erfaßten lebendigen Vorstellungen auf die Geisteswelt. – Die oben

---

* Man vergleiche damit den 3. Abschnitt der am Schlusse dieser Schrift gegebenen «Skizzenhaften Erweiterungen des Inhaltes ...»: «Von der Abstraktheit der Begriffe.»

gekennzeichneten Grenzvorstellungen sind diejenigen, die sich durch ihre eigene Wesenheit nicht ablähmen lassen, daher widerstreben sie einer Beziehung zur Sinnes-Wirklichkeit. Eben dadurch werden sie zu Ausgangspunkten der Geistwahrnehmung.

Vorstellungen, die als lebendige von der Seele erfaßt werden, habe ich in meinen anthroposophischen Schriften imaginative Vorstellungen genannt. Man verkennt, was hier als «imaginativ» gemeint ist, wenn man es verwechselt mit der bildlichen Ausdrucks*form*, die angewendet werden muß, um solche Vorstellungen entsprechend anzudeuten. Was da wirklich mit «imaginativ» gemeint ist, kann etwa in der folgenden Art verdeutlicht werden. Wenn jemand eine Sinneswahrnehmung hat, während ihn der äußere Gegenstand beeindruckt, dann hat die Wahrnehmung für ihn eine gewisse innere Stärke. Wenn er sich von dem Gegenstande abwendet, dann kann er sich in einer bloßen Innenvorstellung denselben vergegenwärtigen. Aber die Vorstellung hat nur eine geringere innere Stärke. Sie ist im Verhältnis zu der bei Anwesenheit des äußeren Gegenstandes wirksamen Vorstellung gewissermaßen schattenhaft. Wenn der Mensch für das gewöhnliche Bewußtsein schattenhaft in seiner Seele vorhandene Vorstellungen beleben will, so durchtränkt er sie mit Nachklängen an die Sinnesanschauung. Er macht die Vorstellung zum anschaulichen *Bilde*. Solche Bildvorstellungen sind nun gewiß nichts anderes als Ergebnisse aus dem Zusammenwirken des Vorstellens und des Sinneslebens. Die «imaginativen» Vorstellungen der Anthroposophie entstehen durchaus nicht in dieser Art. Die Seele muß, um sie zustande zu bringen, so genau den inneren Vorgang der Vereinigung von Vorstellungsleben und Sinnes-Eindruck kennen, daß sie das Einfließen der Sinneseindrücke, beziehungsweise ihrer Nacherlebnisse, in das Vorstellungsleben ganz fern halten kann. Man bringt die Fernhaltung der Sinnes-Nach-Erlebnisse nur zustande, wenn man kennen gelernt hat, wie das Vorstellen von diesen Nacherlebnissen ergriffen wird. Erst dann ist man in der Lage, die Geistorgane lebendig zu verbinden mit dem Wesen des Vorstellens und dadurch die Eindrücke der geistigen Wirklichkeit zu empfangen. Es wird dabei das Vorstellungsleben von einer ganz anderen Seite her durchdrungen als im Sinneswahrnehmen. Die Erlebnisse, die man dabei hat, sind wesentlich andere als die an den Sinneswahrnehmungen zu erfahrenden. Und doch gibt es eine Möglichkeit, über diese Erlebnisse sich auszudrücken. Das kann in folgender Art geschehen. – Wenn der Mensch die Farbe *Gelb* wahrnimmt, so hat er in seiner Seele nicht bloß das Augenerlebnis, sondern ein gefühlsartiges Mit-Erlebnis der Seele. Dieses kann für verschiedene Menschen eine verschiedene Stärke haben, ganz fehlen wird es niemals. Goethe hat in dem schönen Kapitel seiner Farbenlehre über «sinnlich-sittliche Wirkung der Farben» die Gefühls-Nebenwirkungen für Rot, Gelb, Grün usw. sehr eindringlich beschrieben. Nimmt nun die Seele aus einem gewissen Gebiete des Geistes etwas wahr, so kann der Fall eintreten, daß diese geistige Wahrnehmung in ihr dasselbe gefühlsmäßige Neben-Erlebnis hat, das bei der sinnlichen Wahrnehmung des Gelb auftritt. Man weiß dann, daß man dieses oder jenes geistige Erlebnis hat. Man hat dabei natürlich nicht in der Vorstellung dasselbe vor sich, was man in der sinnlichen Wahrnehmung der gelben Farbe vor sich hat. Aber man hat dasselbe Innenerlebnis als gefühlsmäßige Nebenwirkung, das man hat, wenn die gelbe Farbe vor dem Auge ist. Man sagt dann: man nehme das Geist-Erlebnis als «gelb» wahr. Vielleicht könnte man, um sich genauer auszudrücken, immer sagen: man nimmt etwas wahr, was wie «gelb» für die Seele ist. Doch sollte niemand einer so umständlichen Redeweise bedürfen, der aus der anthroposophischen Literatur den Vorgang kennen gelernt hat, welcher zur geistigen Wahrnehmung führt. Diese Literatur macht genugsam darauf aufmerksam, daß das der Geistwahrnehmung zugängliche Wesenhafte nicht so vor dem Geistorgane steht wie ein verdünnter sinnlicher Gegenstand oder Vorgang, oder so, daß es wiedergegeben werden könnte durch Vorstellungen, die in gewöhnlicher Bedeutung sinnlich-anschauliche sind.*

*

Wie die geistige Welt, die außerhalb des Menschen liegt, so lernt die Seele durch ihre Geistorgane das geistige Wesen des Menschen selbst kennen. Anthroposophie beobachtet dieses geistige Wesen als Glied der geistigen Welt. Sie schreitet von der Beobachtung eines Teiles der geistigen Welt fort zu solchen Vorstellungen über den Menschen, welche ihr vergegenwärtigen, was sich im Menschenleibe als geistiger Mensch offenbart. Die Anthropologie schreitet, von der entgegengesetzten Richtung kommend, ebenfalls zu Vorstellungen fort über das menschliche Wesen. Bildet die Anthroposophie die in obigen Ausführungen

---

* Eine weitere Beleuchtung findet das zuletzt hier Ausgesprochene durch das 4. Kapitel der am Schlusse dieser Schrift gegebenen «Skizzenhaften Erweiterungen des Inhaltes ...»: «Ein wichtiges Merkmal der Geistwahrnehmung.»

gekennzeichneten Beobachtungsarten aus, dann gelangt sie zu Anschauungen über das geistige Wesen des Menschen, welches sich in der Sinneswelt in dem Leibe offenbart. Die Blüte dieser Offenbarung ist das Bewußtsein, das die Sinneseindrücke in dem Vorstellungsdasein weiter bestehen läßt. Indem die Anthroposophie fortschreitet von den Erlebnissen der außermenschlichen geistigen Welt bis zum Menschen, findet sie denselben zuletzt als im Sinnesleibe lebend, und in demselben das Bewußtsein von der sinnlichen Wirklichkeit entwickelnd. Das letzte, was sie auf ihrem Wege von dem Menschen findet, ist das lebendige Vorstellungswesen der Seele, das sie in zusammenhängenden imaginativen Vorstellungen auszudrücken vermag. Dann kann sie noch, gewissermaßen am Ende ihres geist-erforschenden Weges, den Blick weiter gebrauchend, schauen, wie sich das wesenhafte Vorstellungsleben durch die wahrnehmenden Sinne abläbmt. In diesem abgelähmten Vorstellungsleben hat sie, von der Geistseite her beleuchtet, den in der Sinneswelt lebenden Menschen, insofern er ein vorstellender ist, gekennzeichnet. Sie kommt auf diese Art zu einer Philosophie über den Menschen, als einem letzten Ergebnisse ihrer Forschungen. Was auf ihrem Wege vorher liegt, befindet sich rein im Geistgebiete. Sie kommt mit dem, was sich ihr auf ihrem Geisteswege ergeben hat, bei einer Kennzeichnung des in der Sinneswelt lebenden Menschen an.

Die Anthropologie erforscht die Reiche der Sinneswelt. Sie gelangt auf ihrem Wege fortschreitend ebenfalls bis zum Menschen. Es stellt sich ihr derselbe dar, wie er die Tatsachen der Sinneswelt in seiner Leibesorganisation so zusammenfaßt, daß aus dieser Zusammenfassung das Bewußtsein entspringt, durch welches die äußere Wirklichkeit in Vorstellungen vergegenwärtigt wird. Die Vorstellungen sieht der Anthropologe aus dem menschlichen Organismus entspringen. Indem er dieses beobachtet, muß er in einem gewissen Sinne Halt machen. Einen inneren gesetzmäßigen Zusammenhang des Vorstellens kann er nicht mit der bloßen Anthropologie erfassen. Wie die Anthroposophie am Ende ihres in geistigen Erfahrungen verlaufenden Weges noch hinblickt auf das geistige Wesen des Menschen, insofern dieses durch die Wahrnehmungen der Sinne sich offenbart, so muß die Anthropologie, wenn sie am Ende ihres im Sinnesgebiete verlaufenden Weges ist, hinblicken nach der Art, wie sich der Sinnesmensch vorstellend an den Sinneswahrnehmungen betätigt. Und indem sie dieses beobachtet, findet sie diese Betätigung nicht von den Gesetzen des Leibeslebens, sondern von den Denkgesetzen der Logik getragen. Die Logik aber ist kein Gebiet, das auf dieselbe Art betreten werden kann, wie die anderen Gebiete der Anthropologie. In dem von Logik beherrschten Denken walten Gesetze, die nicht mehr als diejenigen der Leibesorganisation zu kennzeichnen sind. Indem sich der Mensch in ihnen betätigt, offenbart sich in ihm dasselbe Wesen, welches die Anthroposophie am Ende ihres Weges angetroffen hat. Nur sieht der Anthropologe dieses Wesen so, wie es von der Sinnesseite her beleuchtet ist. Er sieht die abgelähmten Vorstellungen und gibt, indem er eine Logik zugesteht, auch das zu, daß in den Vorstellungen Gesetze aus einer Welt walten, die sich mit der sinnlichen wohl zur Einheit zusammenschließt, jedoch mit ihr nicht zusammenfällt. In dem von dem logischen Wesen getragenen Vorstellungsleben offenbart sich dem Anthropologen der in die Geisteswelt hineinragende Sinnesmensch. Die Anthropologie kommt auf diesem Wege zu einer Philosophie über den Menschen, als einem letzten Ergebnisse ihrer Forschungen. Was auf ihrem Wege vorher liegt, befindet sich rein im Sinnesgebiete.*

Sind die beiden Wege, der anthroposophische und der anthropologische, in rechtmäßiger Art durchwandert, so treffen sie in einem Punkte zusammen. Die Anthroposophie bringt bei diesem Zusammentreffen das Bild des lebendigen Geistmenschen mit und zeigt, wie dieser durch das Sinnensein das zwischen Geburt und Tod bestehende Bewußtsein entwickelt, indem das übersinnliche Bewußtseinsleben abgelähmt wird. Die Anthropologie zeigt bei dem Begegnen das Bild des im Bewußtsein sich selbst erfassenden Sinnesmenschen, der aber aufragend in das geistige Dasein in dem Wesen lebt, das über Geburt und Tod hinaus liegt. Bei diesem Zusammentreffen ist eine wirklich fruchtbare Verständigung zwischen Anthroposophie und Anthropologie möglich. Diese muß eintreten, wenn beide sich zur Philosophie über den Menschen fortbilden. Die aus der Anthroposophie hervorgegangene Philosophie über den Menschen wird zwar ein Bild desselben liefern, das mit ganz andern Mitteln gemalt ist als dasjenige, welches die vom Menschen handelnde, aus der Anthropologie hervorgegangene Philosophie gibt; aber die Betrachter der beiden Bilder werden sich mit ihren Vorstellungen in ähnlicher Übereinstimmung befinden können wie das ne-

* Ebenso wie die Gedanken auf Seite 19 finden auch die oben angedeuteten nach einer gewissen Richtung hin noch eine Beleuchtung durch die im 1. Kapitel der am Ende dieser Schrift gegebenen «Skizzenhaften Erweiterungen des Inhaltes ...»: «Die philosophische Rechtfertigung der Anthroposophie.»

gative Plattenbild des Photographen bei entsprechender Behandlung mit der positiven Photographie.

Es scheint mit diesen Ausführungen gezeigt zu sein, in welchem Sinne die im Beginne dieser Schrift angedeutete Frage über die Möglichkeit einer fruchtbaren Diskussion zwischen Anthropologie und Anthroposophie ganz besonders vom anthroposophischen Gesichtspunkte aus bejahend zu beantworten ist.

II

MAX DESSOIR ÜBER ANTHROPOSOPHIE

Aus den hier vorangehenden Darstellungen ist wohl ersichtlich, wie erwünscht dem Vertreter der Anthroposophie eine sachliche Auseinandersetzung mit dem Anthropologen sein kann. Es wäre denkbar, daß sich an ein Buch, das solche Absichten verfolgt wie das Max Dessoirs, eine derartige Auseinandersetzung anknüpfen ließe. Vom Gesichtspunkte der Anthroposophie ist dieses Buch im Sinne der anthropologischen Wissenschaft abgefaßt. Es stützt sich auf die Ergebnisse der Sinnesbeobachtung und will diejenige Denkungsart und diejenigen Forschungsmittel zur Geltung bringen, welche in der naturwissenschaftlichen Erkenntnisströmung im Gebrauch sind. Das Buch ist, im Sinne der hier gemachten Ausführungen, der anthropologischen Wissenschaft zugehörig.

In dem «Anthroposophie» überschriebenen Abschnitt seines Buches will Max Dessoir eine Kritik liefern der in meinen Schriften dargestellten anthroposophischen Anschauungen.* Er versucht, verschiedene Ausführungen dieser Schriften in seiner Art wiederzugeben und daran seine kritischen Bemerkungen zu knüpfen. Das also könnte dazu führen, zu beobachten, was von den beiden Vorstellungskreisen für diesen oder jenen Punkt des Erkenntnisstrebens gesagt werden kann.

* Seiten 254-263 des Buches «Vom Jenseits der Seele», die Geheimwissenschaften in kritischer Betrachtung von Max Dessoir. Verlag von Ferdinand Enke in Stuttgart, 1917.

Ich will daraufhin die Ausführungen Max Dessoirs hier zur Darstellung und Besprechung bringen. – Dessoir will darauf hinweisen, daß von mir die Ansicht vertreten wird, die menschliche Seele könne es dahin bringen, durch innere Entwickelung sich ihrer Geistorgane zu bedienen, und sich dadurch zu einer Geisteswelt in ähnlicher Art in Beziehung setzen, wie sie dies durch die leiblichen Sinne zur sinnlichen tut. Man kann aus den vorangehenden Darlegungen dieser meiner Schrift ersehen, wie ich dasjenige denke, was in der Seele vorgehen muß, damit sie zur Anschauung des geistigen Lebens komme. Max Dessoir stellt in seiner Art dar, was ich in dieser Beziehung in meinen Schriften dargelegt habe. Er sagt darüber: «Durch solche Innenarbeit erreicht die Seele das, was von aller Philosophie erstrebt wird. Freilich muß das leibfreie Bewußtsein vor der Verwechslung mit traumhaftem Hellsehen und hypnotischen Vorgängen behütet werden. Wenn unsere Seelenkräfte gesteigert sind, kann das Ich sich oberhalb des Bewußtseins erleben, gleichsam in einer Verdichtung und Verselbständigung des Geistigen, ja, es kann schon bei der Wahrnehmung von Farben und Tönen die Vermittelung des Leibes aus dem Erlebnis ausschließen.» Zu diesen seinen Sätzen fügt dann Dessoir die Anmerkung hinzu: «Es lohnt nicht, diese Behauptungen im einzelnen zu widerlegen.»* Dessoir bringt also meine Anschauung von geistiger Wahrnehmung damit zusammen, daß ich behaupte, man könne bei der Wahrnehmung von Farben und Tönen die Vermittelung des Leibes ausschließen. Der Leser fasse ins Auge, was ich in den vorangehenden Darlegungen über die Erlebnisse gesagt habe, welche die Seele durch ihre Geistorgane macht, und wie sie

* Vergleiche Seite 255 des genannten Buches.

dazu kommt, sich über diese Erlebnisse in Farben- und Tonbildern auszudrücken. Er wird dann ersehen, daß ich vom Gesichtspunkte der Anthroposophie nichts Törichteres behaupten könnte, als die Seele könne «bei der Wahrnehmung von Farben und Tönen die Vermittelung des Leibes ausschließen». Brächte ich eine solche Behauptung vor, so wäre allerdings richtig, zu sagen, es lohne «nicht, diese Behauptung im einzelnen zu widerlegen». Man steht da vor einer wirklich merkwürdigen Tatsache. Max Dessoir behauptet, daß ich etwas sage, was nach meinen eigenen Voraussetzungen von mir als töricht bezeichnet werden muß. Mit einer solchen gegnerischen Einwendung ist nun allerdings eine Auseinandersetzung unmöglich. Man kann nur feststellen, welch ein Zerrbild da hingestellt und für die Anschauung dessen ausgegeben wird, den man bekämpfen will.

Nun könnte vielleicht Dessoir einwenden: so klar, wie ich die Konsequenzen meiner Anschauungen in bezug auf den eben berührten Punkt in dem vorangehenden Kapitel dieser Schrift ausgedrückt habe, finde er sie in meinen früheren Schriften nicht dargestellt. Ich werde ohne weiteres zugeben, daß mit Bezug auf manche Punkte der Anthroposophie in späteren von mir gegebenen Darlegungen eine genauere Ausführung von früher Gebotenem zu finden ist, und daß der Leser meiner früheren Schriften vielleicht da oder dort zu einer irrigen Ansicht darüber kommen kann, was ich selbst in einem gewissen Punkte für die richtige Konsequenz meiner Anschauungen notwendig halte. Ich glaube, daß dieses jeder Einsichtige für selbstverständlich halten muß. Denn Anthroposophie ist ein weites Arbeitsfeld, und Veröffentlichungen können immer nur einzelne Teilgebiete umfassen.

Aber kann in *diesem* Falle sich Max Dessoir darauf berufen, daß in meinen früheren Schriften der oben berührte Punkt keine Aufhellung gefunden habe? Dessoirs Buch ist 1917 erschienen. Ich habe in der fünften Auflage meiner Schrift «Wie erlangt man Erkenntnisse der höheren Welten», welche 1914 erschienen ist, zu der Stelle, die über die bildhafte Darstellung geistiger Erlebnisse durch Farben handelt, die folgende Bemerkung gemacht: «Man muß bei allen folgenden Schilderungen darauf achten, daß zum Beispiel beim ‹Sehen› einer Farbe *geistiges Sehen* (Schauen) gemeint ist. Wenn die hellsichtige Erkenntnis davon spricht: ‹ich sehe rot›, so bedeutet dies: ‹ich habe im Seelisch-Geistigen ein Erlebnis, welches gleichkommt dem physischen Erlebnis beim Eindruck der roten Farbe›. Nur weil es der hellsichtigen Erkenntnis in einem solchen Falle ganz naturgemäß ist, zu sagen: ‹ich sehe rot›, wird dieser Ausdruck angewandt. Wer dies nicht bedenkt, kann leicht eine Farbenvision mit einem wahrhaft hellsichtigen Erlebnis verwechseln.»* Ich habe diese Bemerkung gemacht, nicht weil ich glaube, daß jemand, der meine früheren Darlegungen mit wahrem Verständnisse liest, zu der Meinung kommen könne, ich behaupte, man könne Farben ohne Augen sehen, sondern weil ich mir denken konnte, es möchte da oder dort jemand bei *flüchtigem* Lesen durch Mißverstand mir eine solche Behauptung unterschieben, wenn ich nicht ausdrücklich sage, daß ich sie für unberechtigt halte. Drei Jahre später, *nachdem* ich diese Unterschiebung ausdrücklich abgewehrt habe, kommt Max Dessoir und erzählt, ich behaupte, was ich in Wirklichkeit für töricht halte.

---

* Vergleiche meine Schrift «Wie erlangt man Erkenntnisse der höheren Welten?» [GA 1961], Seite 116, Anmerkung.

Doch damit nicht genug. In der sechsten Auflage meines Buches «Theosophie», die ebenfalls 1914 erschienen ist, findet sich über die besprochene Sache das Folgende: «Man kann zu der Vorstellung kommen, als ob dasjenige, was hier als ‹Farben› geschildert wird, vor der Seele so stünde, wie eine physische Farbe vor dem Auge steht. Eine solche ‹seelische Farbe› wäre aber nichts als eine Halluzination. Mit Eindrücken, die ‹halluzinatorisch› sind, hat die Geisteswissenschaft nicht das geringste zu tun. Und *sie* sind jedenfalls in der hier vorliegenden Schilderung nicht gemeint. Man kommt zu einer richtigen Vorstellung, wenn man sich das Folgende gegenwärtig hält. Die Seele *erlebt* an einer *physischen Farbe* nicht nur den sinnlichen Eindruck, sondern sie hat an ihr ein *seelisches Erlebnis*. Dieses seelische Erlebnis ist ein anderes, wenn die Seele – durch das Auge – eine gelbe, ein anderes, wenn sie eine blaue Farbe wahrnimmt. Man nenne dieses Erlebnis das ‹Leben in Gelb› oder das ‹Leben in Blau›. Die Seele nun, welche den Erkenntnispfad betreten hat, hat ein gleiches ‹Erleben in Gelb› gegenüber den aktiven Seelenerlebnissen anderer Wesen; ein ‹Erleben in Blau› gegenüber den hingebungsvollen Seelenstimmungen. Das Wesentliche ist nicht, daß der ‹Seher› bei einer Vorstellung einer anderen Seele so ‹blau› sieht, wie er dies ‹blau› in der physischen Welt sieht, sondern daß er ein Erlebnis hat, das ihn berechtigt, die Vorstellung ‹blau› zu nennen, wie der physische Mensch einen Vorhang zum Beispiel ‹blau› nennt. Und weiter ist es *wesentlich*, daß der ‹Seher› sich bewußt ist, mit diesem seinem Erlebnis in einem leibfreien Erleben zu stehen, so daß er die Möglichkeit empfängt, von dem Werte und der Bedeutung des Seelenlebens in einer

Welt zu sprechen, deren Wahrnehmung *nicht* durch den menschlichen Leib vermittelt ist.»*

Ich verzichte darauf, noch anderes aus meinen Schriften anzuführen, das in der berührten Sache meine wirkliche Ansicht darstellen kann. Und ich überlasse es jedem Leser, der noch ein sachliches Urteil über *Tatsachen* auch dann sich bilden kann, wenn von Anthroposophie die Rede ist, – zu beurteilen, was über die «Wiedergabe» meiner Darstellung durch Max Dessoir zu denken ist.

Auf den Grad des Verständnisses, welchen Dessoir der von mir versuchten Schilderung des durch Geistorgane erlangten Bewußtseins entgegenbringt, wirft ein recht verhängnisvolles Licht, was er im weiteren seiner Darstellung über die Beziehung der «imaginativen» Vorstellungen zu einer ihnen entsprechenden geistigen Wirklichkeit vorbringt. Er hat vernommen, daß Anthroposophie die Entwickelung des Menschentums auf der Erde nicht allein mit den Mitteln erklärt, welche in der Anthropologie angewendet werden, sondern daß sie durch ihre Mittel diese Entwickelung in Abhängigkeit von geistigen Kräften und Wesenheiten erschaut. In meinem Buche «Geheimwissenschaft im Umriß» habe ich versucht, diesen menschlichen Entwickelungsvorgang anschaulich zu machen durch «imaginative» Vorstellungen (übrigens auch durch Erkenntnisarten, die über das

---

* Vergleiche meine *«Theosophie»*. Einführung in übersinnliche Welterkenntnis und Menschenbestimmung [GA 1973], Seite 161/162. In meinem Buche «Die Geheimwissenschaft im Umriß», das 1913 in 5. Auflage erschienen ist, steht eine ebensolche Ausführung über das Schauen von Farben auf Seite 421f. [GA 1968, Seite 418f]. Nun liegt das schier Unglaubliche vor, daß Max Dessoir *diese* 5. Auflage auf Seite 254 seines Buches als eine der Schriften anführt, die er benützt haben will. *Er behauptet also, daß ich etwas sage, wovon in meinem von ihm selbst zitierten Buch das genaue Gegenteil steht.*

imaginative Anschauen hinausliegen, was aber für das hier zu Besprechende weniger in Betracht kommt). Ich habe in dem genannten Buche angedeutet, wie sich dem anthroposophischen Anschauen ein Bild ergibt von den Zuständen, welche die Menschheit durchlebt hat in Entwickelungsformen, die den gegenwärtigen schon nahe stehen, und ich habe auch hingewiesen auf solche ältere Entwickelungsformen, in denen der Mensch in einer Art auftritt, welche der gegenwärtigen sehr unähnlich ist, und die nicht durch die dem sinnlichen Wahrnehmen entlehnten Vorstellungen der Anthropologie, sondern durch imaginative Vorstellungen von mir geschildert werden. – Dessoir unterrichtet nun seine Leser über dasjenige, was ich über die Menschheitsentwickelung ausgeführt habe, in der folgenden Art. Meine Darstellung der Entwickelungsformen, welche der gegenwärtigen Menschenbildung noch nahe stehen, gibt er so an, daß ich für eine bestimmte Zeitperiode in der Vergangenheit eine alt-indische Kultur der Menschheit annehme und dann andere Kulturperioden darauf folgen lasse. Bei Dessoir heißt es: «Alt-Indien ist nicht das jetzige Indien, wie denn überhaupt alle geographischen, astronomischen, historischen Bezeichnungen sinnbildlich zu verstehen sind. Auf die indische Kultur folgte die urpersische, geführt von Zarathustra, der aber viel früher lebte als die in der Geschichte diesen Namen tragende Persönlichkeit. Andere Zeitabschnitte schlossen sich an. Wir stehen in der sechsten Periode.»* – Was ich über eine viel ältere Zeit der Menschheitsentwickelung sage, in der diese noch in Formen zutage trat, die den gegenwärtigen sehr unähnlich sind, darüber berichtet Dessoir so: «Dieser Mensch hat sich herausgebil-

* Vergleiche Seite 258f. des Dessoirschen Buches.

det in einer urfernen Vergangenheit, die Steiner das lemurische Zeitalter der Erde nennt – warum wohl? –, und in einem Lande, das damals zwischen Australien und Indien lag (was also eine richtige Ortsbestimmung und kein Symbol ist).»* – Ich will nun hier ganz davon absehen, daß ich diese «Wiedergaben» des von mir Dargestellten auch im ganzen nur als Zerrbilder ansehen kann, die völlig ungeeignet sind, irgend einem Leser ein Bild von dem zu geben, was ich meine. Ich will nur über einen Punkt dieser «Wiedergaben» sprechen. Dessoir ruft in seinem Leser den Glauben hervor, ich spreche davon, daß das im Geiste Geschaute sinnbildlich (symbolisch) zu verstehen sei, daß also Alt-Indien, wohin ich eine alte Menschheitskultur verlege, ein «symbolisches Land» sei. Später findet er es tadelnswert, daß ich eine viel ältere menschliche Entwickelungsperiode nach Lemurien – zwischen Australien und Indien – verlege und dabei mir selbst in grausamer Weise widerspreche, da man doch aus meiner Darstellung merken könne, daß ich Lemurien für eine richtige Ortsbestimmung und kein Symbol halte.

Es ist durchaus zuzugeben, daß ein Leser des Dessoirschen Buches, der nichts von mir gelesen hat, und bloß Dessoirs Bericht entgegennimmt, zu der Ansicht kommen muß, meine Darstellung sei ganz undurchdachtes, verworrenes und in sich selbst widerspruchsvolles Zeug. – Was steht aber über das von mir als Alt-Indien gekennzeichnete Erdengebiet *wirklich* in meinem Buche? Man lese die betreffenden Ausführungen nach, und man wird finden, daß ich mit vollkommener Deutlichkeit zum Ausdruck bringe, wie Alt-Indien kein Symbol, sondern das Erdgebiet ist, das,

* Vergleiche Seite 261 des Dessoirschen Buches.

wenn auch nicht ganz genau, so doch im wesentlichen mit dem zusammenfällt, das jedermann Indien nennt.* Dessoir berichtet also seinem Leser als meine Ansicht etwas, was mir auch nie eingefallen ist, vorzustellen. Und weil er findet, daß ich bei der Schilderung vom alten Lemurien wohl so spreche, wie es mit meiner wirklichen Meinung vom alten Indien zusammenstimmt, nicht aber mit dem Unsinn, den *er* mich sagen läßt, zeiht er mich des Widerspruches.**

Man fragt sich, wie kommt das Unglaubliche zustande, daß mich Dessoir behaupten läßt, Alt-Indien sei «sinnbildlich» zu verstehen. Mir ergibt sich darüber aus dem ganzen Zusammenhange seiner Darstellung das Folgende. Dessoir hat etwas gelesen über die Vorgänge im Seelenleben, die ich kennzeichne als den Weg zum geistigen Schauen, dessen erste Stufe das imaginative Erkennen ist. Ich schildere da, wie die Seele durch ruhige Hingabe an gewisse Gedanken aus ihren Untergründen die Fähigkeit heraus entwickelt, imaginative Vorstellungen zu bilden. Ich sage, zu diesem Ziele ruhe die Seele am besten in sinnbildlichen Vorstellungen. Niemand sollte durch meine Darstellung auf den Irrtum verfallen, die sinnbildlichen Vorstellungen seien etwas anderes als das *Mittel*, um zum imaginativen Erkennen zu kommen. Dessoir meint nun, weil man mittels Sinnbildern zum imaginativen Vorstellen kommt, bestehe dies letztere auch nur in Sinnbildern, ja er schreibt mir die Ansicht zu, wer sich seiner Geistorgane bedient, schaue nicht durch die

---

* Vergleiche meine «Geheimwissenschaft im Umriß» [GA 1968], Seite 275 f.

** Vergleiche meine «Geheimwissenschaft im Umriß» [GA 1968], Seite 259.

imaginativen Vorstellungen auf Wirklichkeiten, sondern nur auf Sinnbilder.

Meiner Darlegung gegenüber ist die Dessoirsche Behauptung, ich weise in solchen Fällen wie beim alten Indien auf Sinnbilder hin, nicht auf Wirklichkeiten, nur mit dem Folgenden zu vergleichen. Jemand findet aus der Beschaffenheit eines Stückes Erdboden, daß es in der Gegend, in der er sich befindet, vor kurzer Zeit geregnet haben müsse. Er teilt das einem anderen mit. Er kann diesem selbstverständlich nur seine *Vorstellung* davon mitteilen, daß es geregnet hat. Deshalb behauptet ein Dritter, der Erste sage, die Beschaffenheit des Erdbodens rühre nicht von einem wirklichen Regen her, sondern von der Vorstellung des Regens. Ich behaupte weder, daß die imaginativen Vorstellungen in bloßen Sinnbildern sich erschöpfen, noch daß sie selbst eine Wirklichkeit sind, sondern daß sie sich auf eine Wirklichkeit beziehen, wie das bei den Vorstellungen des gewöhnlichen Bewußtseins auch der Fall ist. Und mir unterstellen, ich weise nur auf sinnbildliche Wirklichkeiten hin, kommt gleich der Behauptung, der Naturforscher sehe nicht in dem Wesenhaften, auf das er sich durch seine Vorstellungen bezieht, sondern in diesen selbst die Wirklichkeit.

Wenn man Anschauungen, die man bekämpfen will, so darstellt, wie dies durch Dessoir geschieht, so ist der Kampf recht leicht. Und Max Dessoir macht es sich wirklich leicht, sich mit vornehmer Art auf den kritischen Richterstuhl zu setzen; aber er erreicht dies nur dadurch, daß er meine Darlegung erst in ein Zerrbild, ja oft in eine völlige Torheit verkehrt, und dann diese seine eigene Schöpfung abkanzelt. Er sagt: «Es ist widerspruchsvoll, daß aus ‹erschauten› und nur ‹symbolisch› gemeinten Sachverhalten die Tatbestände der Wirklichkeit sich entwickelt haben sollen.»* Doch ist solch widerspruchsvolle Art des Vorstellens bei mir nirgends zu finden. Daß meine Darstellung sie enthält, ist eine Unterschiebung Dessoirs. Und wenn dieser gar sich zu der Behauptung versteigt: «Denn nicht darum handelt es sich, ob man das Geistige als Gehirntätigkeit ansieht oder nicht, sondern darum, ob das Geistige in den Formen kindlicher Vorstellungsweise oder als ein Reich eigener Gesetzmäßigkeit zu denken ist,»** so muß darauf erwidert werden: Ich bin mit ihm ganz einverstanden, daß sich alles das, was er seinen Lesern als meine Meinung auftischt, in den Formen kindlicher Vorstellungsweise hält; doch hat das von ihm also Bezeichnete nichts mit meinen wirklichen Ansichten zu tun, sondern bezieht sich restlos auf seine eigenen Vorstellungen, die er sich, die meinigen entstellend, gebildet hat.

Wie ist es nur möglich, daß ein Gelehrter so verfährt? Ich muß, um etwas für eine Antwort auf diese Frage zu tun, den Leser für kurze Zeit in ein Gebiet führen, das diesem vielleicht nicht kurzweilig erscheinen wird, das ich aber hier betreten muß, um zu zeigen, *auf welche Art Max Dessoir die Bücher liest*, über die er sich zum Kritiker aufwirft. Ich muß gegenüber den Dessoirschen Ausführungen ein wenig Philologie dem Leser vorführen.

Meine Entwickelung der menschlichen Kulturperioden in einer gewissen Zeit schildert Dessoir, wie schon erwähnt, so: «Auf die indische Kultur folgte die urpersische ... Andere Zeitabschnitte schlossen sich an. Wir stehen in der sechsten Periode.»*** Nun könnte es recht unbedeutend er-

---

* Vergleiche Seite 263 des Dessoirschen Buches.
** Seite 263 des Dessoirschen Buches.
*** Vergleiche Seite 258f. des Dessoirschen Buches.

scheinen, jemand vorzuwerfen, er lasse mich sagen: «Wir stehen in der *sechsten* Periode», während ich mit aller nur denkbaren Klarheit ausführe, daß wir in der *fünften* stehen. Aber in diesem Falle ist die Sache doch nicht unbedeutend. Denn wer in den ganzen Geist meiner diesbezüglichen Darstellung eingedrungen ist, der muß zugeben, daß jemand, dem auch nur beifällt, ich rede von der sechsten Periode als der gegenwärtigen, meine ganze Auseinandersetzung in der allergröbsten Weise mißverstanden hat. Daß ich die gegenwärtige Periode als die *fünfte* bezeichne, hängt ganz innerlich mit dem diesbezüglich von mir Auseinandergesetzten zusammen. – Wie kommt Dessoir zu seinem groben Mißverständnis? Man kann sich darüber eine Vorstellung bilden, wenn man meine Darstellung der Sache mit seiner «Wiedergabe» vergleicht und dabei etwas nach philologischer Methode prüfend zu Werke geht. – Da, wo ich in meiner Schilderung der Kulturperioden zu der *vierten* komme, die ich im achten Jahrhundert v. Chr. beginnen und etwa im vierzehnten oder fünfzehnten Jahrhundert n. Chr. schließen lasse, sage ich das Folgende: «Im vierten, fünften und sechsten Jahrhundert n. Chr. bereitete sich in Europa ein Kulturzeitalter vor, in welchem die Gegenwart noch lebt. Es sollte das vierte, das griechisch-lateinische allmählich ablösen. Es ist das fünfte nach-atlantische Kulturzeitalter.»*
Meine Meinung ist demnach, daß durch die Vorgänge im vierten, fünften und *sechsten* Jahrhundert sich Wirkungen vorbereiteten, die zu ihrem Ausreifen noch einige Jahrhunderte brauchten, um dann im vierzehnten Jahrhundert den Übergang zum *fünften* Kulturzeitalter zu machen, in dem wir gegenwärtig noch leben. Die obige Stelle scheint nun

* Vergleiche meine «Geheimwissenschaft im Umriß» [GA 1968], S. 294f.

Max Dessoir obenhin lesend so in den Bereich seiner Aufmerksamkeit hineingebracht zu haben, daß er die Aufeinanderfolge des vierten, *fünften* und *sechsten* Jahrhunderts mit der Aufeinanderfolge der Kulturzeitalter *verwechselt* hat. Wenn jemand oberflächlich liest und außerdem kein Verständnis für das Gelesene hat, so kann dergleichen geschehen.

Ich würde nicht ohne weiteres diese Hypothese von der Oberflächlichkeit Max Dessoirs hier aussprechen, wenn sie nicht gestützt würde durch die folgenden Entdeckungen, die man an der «Wiedergabe» meiner Anschauungen durch ihn machen kann. Ich muß, um die in Betracht kommenden Dinge zu besprechen, Vorstellungen anführen, die Erkenntnisse der Anthroposophie betreffen, deren Verständnis kaum möglich ist, wenn sie nicht im Zusammenhang mit den zu ihnen weisenden Ausführungen meiner «Geheimwissenschaft» ins Auge gefaßt werden. Ich selbst würde sie niemals so aus allem Zusammenhang herausgerissen, einem Leser oder Zuhörer vorführen, wie dies Max Dessoir tut. Allein da er seine Kritik auf seine «Wiedergabe» der bei mir in einem weit ausholenden Zusammenhange dargestellten Ansichten begründet, muß ich hier auf diese «Wiedergabe» zu sprechen kommen. Ich muß daran zeigen, welcher Art diese «Wiedergabe» ist. Voraus bemerken muß ich, daß die Darstellung solcher Dinge deshalb große Schwierigkeiten macht, weil der Inhalt der geistigen Beobachtung nur dann einigermaßen klargestellt werden kann, wenn man sich einer möglichst genauen Ausdrucksart befleißigt. Ich versuche daher stets, wenn ich solche Dinge darstelle, keinen Zeitaufwand zu scheuen, um der sprachlichen Ausdrucksform so viel als mir möglich ist, an Genauigkeit abzugewinnen. Wer nur ein wenig in den Geist der Anthroposophie eindringt, wird Verständnis für das haben, was ich eben gesagt habe. – Demgegenüber will ich nun zeigen, wie Max Dessoir bei seiner «Wiedergabe» meiner Darstellungen verfährt.*

Mit Bezug auf den Weg, den die Seele zur Erlangung des Gebrauchs der Geistorgane macht, stellt er meine Anschauung in der folgenden Art dar: «Die Schulung zur höheren Bewußtseinsverfassung beginnt – wenigstens für den Menschen der Gegenwart – damit, daß man mit aller Kraft sich in eine Vorstellung als in einen rein seelischen Tatbestand versenkt. Am besten eignet sich eine sinnbildliche Vorstellung, etwa die eines schwarzen Kreuzes (Sym-

---

* Es darf vielleicht hier auf etwas hingewiesen werden, das in den Kreisen, in denen man oft die anthroposophischen Versuche auf ihren philosophisch-wissenschaftlichen Wert hin beurteilen will, nicht ins Auge gefaßt wird. Ich möchte diesen Hinweis schon aus dem Grunde nicht unterlassen, weil bei einigen leicht der Glaube entstehen könnte, meine gegen Dessoir vorgebrachten Darlegungen seien gar zu sehr ein pedantisches Pochen auf meinen Wortlaut. In der Anthroposophie hat man es zu tun mit Darstellungen des Geistigen. Man muß sich dabei der Worte, ja der Wortfügungen der gewöhnlichen Sprache bedienen. Man kann in diesen aber durchaus nicht immer adäquate Bezeichnungen finden für dasjenige, worauf die Seele gerichtet ist, wenn sie Geistiges schaut. Die im Geistigen herrschenden Beziehungen, die besondere Art desjenigen, was man da «Wesen» und Vorgänge nennen kann, ist viel komplizierter, feiner, vielgestaltiger als dasjenige, was im gewöhnlichen Sprachgebrauch zum Ausdruck kommt. Man gelangt nur zum Ziele, wenn man die Möglichkeiten ausnutzt, die in der Sprache liegen in bezug auf Satzwendungen, Wortumstellungen; wenn man sich bemüht, dasjenige, was *ein* Satz nicht adäquat aussprechen kann, durch einen hinzugefügten zweiten *im Zusammenhang* mit dem ersten zum Ausdruck zu bringen. Zum Verständnis der Anthroposophie ist durchaus nötig, auf solche Dinge einzugehen. Es kann zum Beispiel der Fall eintreten, daß ein geistiger Tatbestand ganz schief gesehen wird, wenn man die *Ausdrucksform* nicht als etwas Wesentliches ansieht. Dessoir ist nicht einmal im entferntesten darauf gekommen, daß so etwas zu berücksichtigen wäre. Er scheint überall vorauszusetzen, daß, was ihm unverständlich ist, auf dem kindlichen Denken, auf der primitiven Methode des andern beruht.

bol für vernichtete niedere Triebe und Leidenschaften), dessen Schneidestelle von sieben roten Rosen umgeben ist (Symbol für geläuterte Triebe und Leidenschaften.»* Abgesehen davon, daß eine solche Behauptung, aus dem Zusammenhang gerissen, einen absonderlichen Eindruck auf einen Leser machen muß, während sie dies kaum tun wird an der Stelle der Auseinandersetzungen, an der sie in meinem Buche steht, muß ich sagen: läse ich das, was Max Dessoir in dem obigen Satze sagt, als die Meinung eines Menschen, ich hielte die Sache für Unsinn, oder, zum mindesten, für unsinnig ausgedrückt. Denn ich könnte keinen Zusammenhang finden zwischen den Bedeutungen des Doppelsymbols, zwischen «vernichteten niederen Trieben und Leidenschaften» und «geläuterten Trieben und Leidenschaften». Ich müßte mir ja geradezu vorstellen: der Mensch solle seine niederen Triebe und Leidenschaften vernichten, und an der Stelle, an der die Vernichtung angerichtet worden ist, erschienen, wie aus dem Nichts hervorgeschossen, geläuterte Triebe und Leidenschaften. Aber warum «geläutert», da doch nichts zu «läutern» war, sondern am Orte der Vernichtung etwas Neues entstanden ist. Mein Denken käme auf keinen Fall mit einem solchen Satze zurecht. Aber man lese doch den Satz in meinem Buche. Da steht: «Man stelle sich ein schwarzes Kreuz vor. Dieses sei *Sinnbild* für das vernichtete Niedere der Triebe und Leidenschaften; und da, wo sich die Balken des Kreuzes schneiden, denke man sich sieben rote, strahlende Rosen im Kreise angeordnet.»** – Man sieht: ich sage *nicht*,

* Vergleiche Seite 255 des Dessoirschen Buches.
** Vergleiche meine «Geheimwissenschaft im Umriß» [GA 1968], Seite 311.

das Kreuz sei Sinnbild für «vernichtete niedere Triebe und Leidenschaften», sondern für «das vernichtete Niedere der Triebe und Leidenschaften». Also die niederen Triebe und Leidenschaften werden nicht «vernichtet», sondern «verwandelt», so daß ihr Niederes abgestreift wird, und sie selbst als geläutert auftreten. So macht sich Max Dessoir erst das zurecht, was er kritisieren will. Dann kann er es als eine «kindliche Vorstellungsweise» ausgeben. Es ist sicherlich pedantisch, wenn man in dieser Weise – schulmäßig – Korrektur übt an einem Wortlaute. Aber nicht ich bin der Veranlasser dieser schulmäßigen Korrektur. Was sie notwendig macht, sind die Dessoirschen Entstellungen, die nur durch solche Schulmäßigkeit zu fassen sind. Denn sie kommen – meinetwegen unbewußten oder durch Oberflächlichkeit erzeugten – Fälschungen meines Wortlautes gleich. Und *nur* diesem gefälschten Wortlaut gegenüber ist die Dessoirsche Kritik möglich.

Ein anderer Fall der Dessoirschen «Wiedergabe» ist der folgende. Ich spreche – wieder in einem Zusammenhange, der die Sache ganz anders erscheinen läßt, als wenn man sie in Dessoirscher Art aus diesem Zusammenhange herausreißt – von gewissen früheren Entwickelungszuständen, welche die Erde durchgemacht hat, bevor sie der Planet geworden ist, als welcher sie für den Menschen in seiner gegenwärtigen Entwickelungsform bewohnbar ist. Ich schildere durch imaginative Vorstellungen, wie der erste dieser Entwickelungszustände war. Ich habe nötig, diese Zustände zu veranschaulichen dadurch, daß ich von Wesen geistiger Art spreche, die mit der damaligen planetarischen Urform der Erde in Zusammenhang standen. Abgesehen nun davon, daß Dessoir mich behaupten läßt, durch diese geistartigen Wesen «entwickelten» sich «Nahrungs- und Ausscheidungsprozesse» auf der planetarischen Urform der Erde, sagt er weiter: «Von diesen Zuständen erfährt der Hellsichtige noch heute durch eine dem Riechen ähnliche übersinnliche Wahrnehmung, denn die Zustände sind eigentlich immer da.»* In meinem Buche ist zu lesen, daß die gemeinten geistartigen Wesen in Wechselwirkung treten mit den im Innern der planetarischen Urform «vorhandenen, auf- und abwogenden Geschmackskräften. Dadurch kommt ihr Äther- oder Lebensleib in eine solche Tätigkeit, daß man diese als eine Art Stoffwechsel bezeichnen kann.»** Dann sage ich, diese Wesen bringen Leben in das Innere der planetarischen Urform. «Es geschehen dadurch Nahrungs- und Ausscheidungsprozesse.»*** Es ist selbstverständlich, daß gegenüber einer solchen Schilderung von Seite der gegenwärtigen Wissenschaft die schärfste Ablehnung möglich ist. Allein es sollte ebenso selbstverständlich sein, daß ein Kritiker es nicht so machen darf wie Max Dessoir. Er sagt, indem er den Glauben erweckt, daß er meine Darstellung wiedergibt, es entwickeln sich durch die gemeinten Wesen Nahrungs- und Ausscheidungsprozesse. So wie bei mir die Sache dargestellt ist, steht zwischen der Angabe, daß die Wesen auftreten und derjenigen, daß Nahrungs- und Ausscheidungsprozesse entstehen, der Zwischensatz, der besagt, daß sich eine Wechselwirkung entwickelt und daß durch *diese* in dem Äther- oder Lebensleib dieser Wesen eine Tätigkeit auftritt, die ihrer-

* Vergleiche Seite 258 des Dessoirschen Buches.
** Vergleiche meine «Geheimwissenschaft im Umriß» [GA 1968], Seite 166f.
*** An derselben Stelle meiner «Geheimwissenschaft» wie das vorige.

seits nun wieder zu den Nahrungs- und Ausscheidungsprozessen der planetarischen Urform führt. Was Dessoir mit meiner Darstellung vollführt, läßt sich mit dem Folgenden vergleichen. Jemand sagt: Ein Mann tritt in ein Zimmer, in dem sich ein Kind und dessen Vater befinden. Das Kind benimmt sich dem Eintretenden gegenüber so, daß der Vater es strafen muß. Diesen Satz entstellt nun ein anderer, indem er behauptet: durch das Eintreten des fremden Mannes entwickelt sich die Strafe des Kindes. Könnte nun jemand aus dieser Behauptung erkennen, was der erste eigentlich hat sagen wollen? Doch Dessoir läßt mich ferner sagen, der Hellsichtige erfahre von gewissen Zuständen, die in der planetarischen Urform auftreten, durch «eine dem Riechen ähnliche Wahrnehmung».* Bei mir ist aber zu lesen, daß sich in den entsprechenden Zuständen willensartige Kräfte offenbaren, die sich «dem hellseherischen Wahrnehmungsvermögen durch Wirkungen» kundgeben, welche «sich mit ‹Gerüchen› vergleichen lassen».** Also bei mir ist nichts zu finden von der Behauptung, daß die in Frage kommende geistige Wahrnehmung eine «dem Riechen ähnliche» ist, sondern es tritt deutlich hervor, daß diese Wahrnehmung *nicht* dem Riechen ähnlich ist, daß aber dasjenige, was wahrgenommen wird, sich mit «Gerüchen» *vergleichen lasse*. Wie im anthroposophischen Sinne ein solcher Vergleich aufzufassen ist, ist an anderem Orte dieser Schrift genugsam gezeigt. Doch Dessoir verschafft sich durch die Entstellung meines Wortlautes die Möglichkeit, die folgende – ihm wahrscheinlich

---

* Vergleiche Seite 258 des Dessoirschen Buches.
** Vergleiche meine «Geheimwissenschaft im Umriß» [GA 1968], Seite 168.

geistreich dünkende – Bemerkung anzubringen: «Mich wundert, daß hiermit der ‹Geruch der Heiligkeit› und der ‹teuflische Gestank› nicht in Verbindung gebracht wird.»

Ich könnte nun noch andere ähnliche Beispiele von Dessoirschen «Wiedergaben» meiner Darlegungen genauer anführen, zum Beispiel wie er mich «durch Abtrennung des Ätherleibes vom physischen Leib» das «Einschlafen» eines Beines erklären läßt, während ich *nicht* den *objektiven* Tatbestand des sogenannten Einschlafens dadurch erkläre, sondern sage, daß das subjektive «eigentümliche Gefühl, das man empfindet, von dem Abtrennen des Ätherleibes» herrührt.* Nur dann, wenn man den Wortlaut meiner Darstellung so nimmt, wie ich ihn gegeben habe, kann man sich eine Meinung darüber bilden, welche Tragweite meiner Behauptung zukommt, und wie sie durchaus den durch die Naturwissenschaft festzustellenden objektiven Tatbestand nicht ausschließt, so wenig *sie* ausgeschlossen zu werden braucht von demjenigen, der die anthropologische Meinung vertritt. Das letztere aber will Dessoir seinen Lesern glauben machen. Doch ich will darauf verzichten, den Leser weiter mit derlei Korrekturen zu ermüden. Die vorgebrachten sollten nur zeigen, in welchem Grade oberflächlich Max Dessoir dasjenige liest, über das er sich zum Richter aufwirft.

Ich will aber zeigen, wozu die Seelenverfassung führen kann, die aus solcher Oberflächlichkeit heraus zu Gericht sitzt. In meiner Schrift «Die geistige Führung des Menschen und der Menschheit»** versuche ich darzulegen, wie

* Vergleiche meine «Geheimwissenschaft im Umriß» [GA 1968], Seite 96.

** «Die geistige Führung des Menschen und der Menschheit.» Geisteswissenschaftliche Ergebnisse über die Menschheits-Entwickelung von Rudolf Steiner (1911) [GA 1963].

die Kräfte des Vorstellungslebens, die nicht gleich bei der Geburt, sondern erst in späterem Lebensalter in das *Bewußtsein* des Kindes treten, schon tätig sind vor diesem bewußten Aufleben, und wie in deren unbewußter Tätigkeit zum Beispiel bei dem Fortbilden des Nervensystems und anderem diese Kräfte in einer Art weisheitsvoll wirken, gegen welche das spätere bewußte Wirken von einem geringeren Weisheitsgrade erscheint. Aus Gründen, deren Darlegung hier zu weit führen würde, komme ich zu der Ansicht, daß das bewußte Vorstellungsleben zwar die Weisheit fortentwickelt, welche in gewissen Bildungen des organischen Leibes in früher Kindheit tätig ist, daß sich aber dieses bewußte Vorstellungsleben zu jenem unbewußten Weisheitswirken verhält wie zum Beispiel der Bau eines von bewußter menschlicher Weisheit herrührenden Werkzeuges zu dem Wunderbau des menschlichen Gehirnes.* Der Leser der oben genannten Schrift könnte wohl aus derselben ersehen, daß ich eine solche Behauptung nicht ausspreche als das Ergebnis eines «Einfalles», sondern daß sie der Abschluß ist eines im Sinne der Anthroposophie vorangegangenen Forschungsweges; auch wenn ich, wie natürlich ist, nicht in *jeder* meiner Schriften die Einzelheiten dieses Weges darstellen kann. In dieser Beziehung bin ich nun schon einmal darauf angewiesen, daß meine Schriften so genommen werden wie Teile eines Ganzen, die sich gegenseitig stützen und tragen. Doch nicht darauf kommt es mir jetzt an, die Berechtigung dieser meiner Behauptung über unbewußte und bewußte Weisheit darzulegen, sondern auf etwas anderes, das sich Dessoir leistet, indem er die diesbezügliche Ausführung meines

* Vergleiche meine Schrift «Geistige Führung» [GA 1963], Seite 20ff.

Buches in der folgenden Art seinen Lesern zurechtschneidet: «Am engsten, heißt es, ist der Zusammenhang mit höheren Welten in den drei ersten Lebensjahren, in die keine Erinnerung zurückreicht. Besonders ein Mensch, der selber Weisheit lehrt – so bekennt Herr *Rudolf Steiner* –, wird sich sagen: ‹Als ich Kind war, habe ich an mir durch Kräfte gearbeitet, die aus der geistigen Welt hereinwirkten, und das, was ich jetzt als mein Bestes geben kann, muß auch aus höheren Welten hereinwirken; ich darf es nicht als meinem gewöhnlichen Bewußtsein angehörig betrachten.›»* – Man darf wohl fragen: welche Vorstellung mag sich in einem Leser des Dessoirschen Buches festsetzen, dem diese Sätze vor Augen treten? Kaum eine andere, als daß ich in derjenigen Schrift, die Veranlassung zu diesen Sätzen gegeben hat, von einer Beziehung der geistigen Welt zum erkennenden Menschen spreche, und dafür mich selbst als Beispiel anführe. Es ist selbstverständlich nicht schwierig, einen Menschen der Lächerlichkeit preiszugeben, dem man eine solche Geschmacklosigkeit vorwerfen kann. Wie aber ist die Sache wirklich? In meiner Schrift steht: «Man nehme an, ein Mensch habe Schüler gefunden, einige Leute, die sich zu ihm bekennen. Ein solcher wird durch echte Selbsterkenntnis leicht gewahr werden, daß ihm gerade die Tatsache, daß er Bekenner gefunden hat, das Gefühl gibt: was er zu sagen habe, rühre nicht von ihm her. Es sei vielmehr so, daß sich geistige Kräfte aus höheren Welten den Bekennern mitteilen wollen, und diese finden in dem Lehrer das geeignete Werkzeug, um sich zu offenbaren. – Einem solchen Menschen wird der Gedanke nahetreten: Als ich ein Kind war, habe ich an mir durch

* Vergleiche Seite 260 des Dessoirschen Buches.

Kräfte gearbeitet, die aus der geistigen Welt hereinwirkten, und das, was ich jetzt als mein Bestes geben kann, muß auch aus höheren Welten hereinwirken; ich darf es *nicht* als meinem gewöhnlichen Bewußtsein angehörig betrachten. Ja, ein solcher Mensch darf sagen: etwas Dämonisches, etwas wie ein Dämon – aber das Wort ‹Dämon› im Sinne einer *guten* geistigen Macht genommen – wirkt aus einer geistigen Welt durch mich auf die Bekenner. – So etwas empfand *Sokrates* ... Viel hat man versucht, um diesen ‹Dämon› des Sokrates zu erklären. Aber man kann ihn nur erklären, wenn man sich dem Gedanken hingeben will, daß Sokrates so etwas empfinden konnte, wie aus obiger Betrachtung sich ergibt.»* Man sieht, mir handelt es sich um eine Auffassung des Sokratischen Dämonions vom Gesichtspunkte der Anthroposophie. Über diesen Sokratischen «Dämon» gibt es viele Auffassungen. Man kann sich, wie gegen andere, so auch gegen die meinige sachlich wenden. Was aber macht Max Dessoir? Wo ich von Sokrates spreche, wendet er die Sache so, als ob ich von mir selbst spreche, indem er den Satz prägt: «so bekennt Herr *Rudolf Steiner*» und die letzten zwei Worte sogar in Sperrdruck setzt. Womit hat man es hier zu tun? Doch mit nichts Geringerem als mit einer *objektiven Unwahrheit*. Ich überlasse es jedem billig Denkenden, sich selbst ein Urteil zu bilden über einen Kritiker, der sich solcher Mittel bedient.

Aber die Sache ist damit nicht erschöpft. Denn, nachdem Dessoir meine Auffassung des Sokratischen Dämonions in der angedeuteten Art gewendet hat, schreibt er weiter: «Die Tatsache also, daß der einzelne ein Träger

* Vergleiche meine genannte Schrift «Die geistige Führung ...» [GA 1963], Seite 30f.

überindividueller Wahrheiten ist, vergröbert sich hier zu der Vorstellung, daß eine dinglich gedachte Geisteswelt gleichsam durch Röhren oder Drähte mit dem Individuum verbunden sei: *Hegels* objektiver Geist verwandelt sich in eine Gruppe von Dämonen, und alle Schattengestalten eines ungeläuterten religiösen Denkens treten wieder auf. Die Richtung im ganzen kennzeichnet sich als materialistische Vergröberung seelischer Vorgänge und personifizierende Verflachung der geistigen Werte.»* – Solcher «Kritik» gegenüber hört wirklich jede Möglichkeit auf, sich mit dem Kritiker ernsthaft auseinanderzusetzen. Man bedenke doch, was hier eigentlich vorliegt. Ich spreche von dem Dämonion des Sokrates, von dem doch dieser selbst – nach historischer Überlieferung – gesprochen hat. Max Dessoir legt mir unter, daß, wenn man so vom Dämonischen spricht, dann «verwandelt sich *Hegels* objektiver Geist in eine Gruppe von Dämonen ...»* Dessoir benutzt also seine sonderbare Abschwenkung von dem in Wahrheit gemeinten Gedanken, um seinem Leser die Ansicht beizubringen, jemand sei berechtigt, von mir anzunehmen, ich sehe in *Hegels* objektivem Geist «eine Gruppe von Dämonen». – Man stelle neben diese Dessoirsche Behauptung, was ich in meinem Buche «Die Rätsel der Philosophie» alles vorbringe, um von Hegels Ansicht über den «objektiven Geist» alles fernzuhalten, was diesem irgendwie den Charakter des Dämonischen aufdrücken könnte.** Wer gegenüber dem von mir über Hegel Vorgebrachten

* Vergleiche Seite 260 des Dessoirschen Buches.
** Vergleiche im ersten Band meines Buches «Die Rätsel der Philosophie» [GA 1968], die auf Seiten 234-255 gegebene Darstellung der Hegelschen Philosophie.

sagt: der Vertreter der Anthroposophie habe Vorstellungen, durch die sich Hegels «objektiver Geist» in eine Gruppe von Dämonen verwandle, der behauptet eben eine objektive Unwahrheit. Denn selbst hinter der Ausrede kann er sich nicht verschanzen: ja, zwar stellt es Steiner anders dar, aber ich kann mir nur vorstellen, daß die Steinerschen anthroposophischen Voraussetzungen zu den von mir angegebenen Folgerungen führen. Er würde damit eben nur zeigen, daß er meine Ausführungen über Hegels «objektiven Geist» nicht in der Lage ist, zu verstehen. Nachdem er seinen Sprung von Sokrates zu Hegel gemacht hat, urteilt dann Max Dessoir weiter: «Aus der Unfähigkeit zu sachlich angemessenem Verständnis entspringen die durch keine wissenschaftlichen Bedenken gehemmten Phantasien ...»* – Wer meine Schriften liest und dann Dessoirs Darstellung meiner Anschauungen betrachtet, dürfte vielleicht doch einem solchen Satze gegenüber empfinden, daß ich schon einiges Recht dazu habe, ihn so zu wenden: bei Max Dessoir entspringen aus der Unfähigkeit zu sachlich angemessenem Verständnis des in meinen Schriften Gesagten die oberflächlichsten, objektiv unwahren Phantasien über die Vorstellungen der Anthroposophie.

Max Dessoir teilt seinen Lesern mit, daß er außer meiner «Geheimwissenschaft im Umriß, 5. Auflage» noch «eine lange Reihe anderer Schriften benutzt» habe.** Bei seiner hier charakterisierten Art, sich «auszudrücken», kann man ja kaum feststellen, was er darunter versteht, er habe «eine lange Reihe» meiner Schriften «benutzt».

* Vergleiche Seite 260 des Dessoirschen Buches.
** Vergleiche Seite 254 des Dessoirschen Buches.

Ich habe mir den Abschnitt «Anthroposophie» seines Buches daraufhin angesehen, von welchen meiner Schriften – außer der «Geheimwissenschaft im Umriß» – noch Spuren der Benutzung auftreten. Ich kann nur entdecken, daß diese «lange Reihe» aus *drei* kleinen Schriften besteht: dem 64 Seiten umfassenden Büchlein «Die geistige Führung des Menschen und der Menschheit», dem 48 kleine Seiten umfassenden Abdruck meines Vortrages «Blut ist ein ganz besonderer Saft» und dem 46 Seiten umfassenden Schriftchen «Reinkarnation und Karma». Dazu erwähnt er noch in einer Anmerkung meine 1894 erschienene «Philosophie der Freiheit».* So sehr es mir widerstrebt, zu dieser Anmerkung auch einige rein Persönliches betreffende Sätze zu sagen: ich muß es tun, weil auch in dieser Nebensache der Grad von wissenschaftlicher Genauigkeit, der Max Dessoir eigen ist, zum Ausdruck kommt. Er sagt: «In Steiners Erstling, der ‹Philosophie der Freiheit› (Berlin 1894) finden sich nur Ansätze zur eigentlichen Lehre ...» Diese «Philosophie der Freiheit» nennt also Max Dessoir meinen «Erstling». Die Wahrheit ist, daß meine schriftstellerische Tätigkeit mit meinen Einführungen in Goethes naturwissenschaftliche Schriften beginnt, deren erster Band 1883 erschienen ist, elf Jahre, bevor Dessoir meinen «Erstling» ansetzt. Diesem «Erstling» gehen voran: die ausführlichen Einführungen zu drei Bänden von Goethes naturwissenschaftlichen Schriften, meine «Grundlinien einer Erkenntnistheorie der Goetheschen Weltanschauung» (1886), meine Schrift «Goethe als Vater einer neuen Ästhetik» (1889), meine für meine ganze Weltanschauung grundlegende Schrift «Wahrheit und Wissenschaft» (1892). Ich

* Vergleiche Seite 254 des Dessoirschen Buches.

hätte dieses Falles von Dessoirs sonderbarer Kenntnisnahme dessen, worüber er schreibt, doch nicht Erwähnung getan, wenn nicht die Sache so läge, daß alle in meiner «Philosophie der Freiheit» vorgebrachten Grundanschauungen bereits in meinen früheren Schriften ausgesprochen und in dem genannten Buche nur in einer zusammenfassenden und sich mit den philosophisch-erkenntnistheoretischen Ansichten vom Ende des neunzehnten Jahrhunderts auseinandersetzenden Art vorgetragen sind. Ich wollte in dieser «Philosophie der Freiheit» in systematisch-organischer Gliederung zur Darstellung bringen, was ich in den früheren, fast ein ganzes Jahrzehnt umfassenden Veröffentlichungen an erkenntnistheoretischer Grundlegung und an ethisch-philosophischen Folgerungen für eine auf die Erfassung der geistigen Welt zielende Anschauung niedergelegt hatte.

Nachdem Max Dessoir in der angeführten Art über meinen «Erstling» gesprochen hat, fährt er über denselben fort: «Es wird dort gesagt, daß der Mensch etwas aus der Natur in sich herübergenommen hat und daher durch die Erkenntnis des eigenen Wesens das Rätsel der Natur lösen kann; daß im Denken eine Schaffenstätigkeit dem Erkennen vorangeht, während wir am Zustandekommen der Natur unbeteiligt und auf nachträgliches Erkennen angewiesen sind. Intuition gilt hier bloß als die Form, in der ein Gedankeninhalt zunächst hervortritt.» Man sehe nach, ob sich in meiner «Philosophie der Freiheit» etwas findet, das sich in diese ein Ungeheuerliches von Trivialität darstellenden Sätze zusammenfassen läßt. Ich habe in meinem Buche den Versuch gemacht, nach einer ausführlichen Auseinandersetzung mit andren philosophischen Richtungen, zu zeigen, daß dem Menschen in der Sinnesbeobachtung *nicht* die volle Wirklichkeit vorliegt, daß also das von den Sinnen *gegebene* Weltbild eine unvollständige Wirklichkeit ist. Ich habe mich bestrebt, darzulegen, daß die menschliche Organisation diese Unvollständigkeit notwendig macht. Nicht die Natur *verbirgt* dem Menschen dasjenige, was zu ihrem Wesen dem Sinnesbilde fehlt, sondern der *Mensch* ist so geartet, daß er durch diese Artung auf der Stufe des bloß beobachtenden Erkennens sich selbst die geistige Seite des Weltbildes verhüllt. Im aktiven Denken beginnt dann die Erschließung dieser geistigen Seite. Es ist – im Sinne meiner Weltauffassung – im aktiven Denken ein Wirkliches (Geistiges) *unmittelbar gegenwärtig*, das im bloßen Beobachten noch nicht gegeben sein kann. Das ist gerade das Charakteristische dieser meiner erkenntnistheoretischen Grundlegung einer Geisteswissenschaft, daß ich *nicht* in der Intuition – insoferne diese im Denken zum Ausdruck kommt – «bloß die Form» sehe, «in der ein Gedankeninhalt zunächst hervortritt». Max Dessoir beliebt also seinen Lesern *das Gegenteil* von dem vorzusetzen, was in meiner «Philosophie der Freiheit» wirklich dargestellt ist. – Man sehe, um das zu bemerken, nur auf die folgenden meiner Gedanken: «In dem Denken haben wir das Element gegeben, das unsere besondere Individualität mit dem Kosmos zu einem Ganzen zusammenschließt. Indem wir empfinden und fühlen (auch wahrnehmen), sind wir einzelne, indem wir denken, sind wir das All-Eine Wesen, das alles durchdringt ...» «Die Wahrnehmung ist also nichts Fertiges, Abgeschlossenes, sondern die eine Seite der totalen Wirklichkeit. Die andre Seite ist der Begriff. Der Erkenntnisakt ist die Synthese von Wahrnehmung und Begriff ...»* «Im Gegensatz zum Wahrnehmungsinhalte, der uns von außen gegeben ist, erscheint der Gedankeninhalt im Innern. Die Form, in der er zunächst auftritt, wollen wir als *Intuition* bezeichnen. Sie ist für das Denken, was die *Beobachtung* für die Wahrnehmung ist. Intuition und Beobachtung sind die Quellen unserer Erkenntnis.»** Ich sage also hier: Intuition wolle ich als *Ausdruck* für die Form gebrauchen, in der die im Gedankeninhalt verankerte geistige Wirklichkeit *zunächst* in der menschlichen Seele auftritt, bevor diese erkannt hat, daß in dieser gedanklichen Innenerfahrung die in der Wahrnehmung noch nicht gegebene Seite der Wirklichkeit enthalten ist. Deshalb sage ich: Intuition ist «für das Denken, was die *Beobachtung* für die Wahrnehmung ist». Also selbst, wenn Max Dessoir *scheinbar* wörtlich eines Andern Gedanken anführt, ist er imstande, das, was dieser Andere meint, in das Gegenteil zu verkehren. Dessoir läßt mich sagen: «Intuition gilt hier *bloß* als die Form, in der ein Gedankeninhalt zunächst hervortritt.»*** Den folgenden meiner Sätze, durch den dieses von ihm gebrauchte «bloß» zum Unsinn wird, läßt er weg. Mir gilt eben Intuition nicht «*bloß*» als die «Form, in der ein Gedankeninhalt zunächst hervortritt», sondern als die Offenbarung eines Geistig-Wirklichen, wie die Wahrnehmung als diejenige des Stofflich-Wirklichen. Wenn ich sage: die Uhr tritt zunächst als der Inhalt meiner Westentasche auf; sie ist für mich der Messer der Zeit; so darf nicht ein anderer behaupten, ich

---

* Vergleiche zu diesen Gedanken meine «Philosophie der Freiheit» [GA 1973], Seiten 91 und 92.
** Vergleiche «Philosophie der Freiheit», Seite 95.
*** Vergleiche Seite 254 des Dessoirschen Buches.

hätte gesagt: die Uhr ist «*bloß*» der Inhalt meiner Westentasche.

Im Zusammenhange meiner Veröffentlichungen ist meine «Philosophie der Freiheit» die erkenntnistheoretische Grundlegung für die von mir vertretene anthroposophisch orientierte Geisteswissenschaft. Ich habe dies in einem besonderen Abschnitt meines Buches «Die Rätsel der Philosophie» dargelegt.* Ich habe in diesem Abschnitt gezeigt, wie ein gerader Weg von meiner Schrift «Wahrheit und Wissenschaft» und meinem Buche «Philosophie der Freiheit», nach meiner Auffassung, zur «Anthroposophie» führt. Doch Max Dessoir schafft sich die Möglichkeit, durch Nicht-Benutzung meines zweibändigen Buches über die «Rätsel der Philosophie» seinen Lesern allerlei leicht Mißzuverstehendes über die «lange Reihe» meiner drei kleinen Schriften «Die geistige Führung ...», «Blut ist ein ganz besonderer Saft» und «Reinkarnation und Karma» zu erzählen. In der ersteren kleinen Schrift mache ich den Versuch, im geistigen Entwickelungsgange der Menschheit konkrete geistige Wesenskräfte als wirksam zu erkennen. Ich habe für den Leser nach meinen Vorstellungen klar gemacht, daß ich mir wohl bewußt bin, wie leicht gerade der Inhalt dieser Schrift mißverstanden werden kann. In der Vorrede sage ich ausdrücklich, daß jemand, der diese Schrift in die Hand bekommt, ohne deren Voraussetzungen zu kennen, sie «als kuriosen Ausfluß einer bloßen Phantastik ansehen» müßte. Ich bezeichne allerdings in dieser Vorrede nur das in meinen beiden Schriften «Theosophie» und «Geheimwissenschaft» Enthaltene als diese Voraussetzungen. Das ist 1911

* Vergleiche das Schlußkapitel des zweiten Bandes meiner «Rätsel der Philosophie».

geschehen. 1914 ist mein Buch «Die Rätsel der Philosophie» als zweite Auflage meiner 1900 und 1901 erschienenen «Welt- und Lebensanschauungen im neunzehnten Jahrhundert» veröffentlicht worden. In diesen «Rätseln der Philosophie» habe ich auch dargestellt, wie die Atomenlehre entstanden ist, wie sich Forscher wie Galilei in den geistigen Entwickelungsgang der Menschheit – nach meinen Vorstellungen – eingliedern, ohne daß ich bei dieser Darstellung auf etwas anderes mich beziehe, als was mit Bezug auf die Entstehung der Atomenlehre oder auf die Stellung Galileis in der Wissenschaftsgeschichte «vor jedermanns Augen ... klar zutage» liegt.* Meine Darstellung ist zwar in meiner Art gehalten; aber ich beziehe mich bei *dieser* Darstellung auf nichts anderes, als was für einen gewöhnlichen Darsteller eines Abrisses der Philosophiegeschichte üblich ist. In meiner Schrift «Die geistige Führung ...» wird der Versuch gemacht, *das*, was ich selbst in einem anderen Buche so darzustellen bestrebt bin, wie es «vor jedermanns Augen» liegt, als Ergebnis konkreter geistiger Wesenskräfte, die im menschlichen Entwickelungsgange wirksam sind, darzustellen. Aus dem Zusammenhang, in dem diese Darstellung in meiner Schrift «Die geistige Führung ...» auftritt, herausgerissen, läßt sich – meiner Meinung nach – der bezügliche Gedanke nur in folgender Art wiedergeben: In der Geistesgeschichte der Menschheit wirken außer den Kräften, die sich für die gewöhnlichen historischen Methoden als für «jedermanns Augen ... klar zutage» liegend ergeben, noch

* Vergleiche meine Darstellung der Atomenlehre in ihrer Entwickelung zum Beispiel «Die Rätsel der Philosophie», 1. Band [GA 1968], Seite 61 f; meine Auffassung über Galilei zum Beispiel in demselben Band, Seite 104 f. Doch habe ich auch in meinen Einführungen und Anmerkungen zu Goethes «Naturwissenschaftlichen Schriften» von Galilei gesprochen.

andere, nur der geisteswissenschaftlichen Forschung zugängliche (übersinnliche) Wesenskräfte. Und diese Wesenskräfte wirken nach bestimmten erkennbaren Gesetzen. In der Art, wie in derjenigen Entwickelungsperiode der Menschheit, die ich die ägyptisch-chaldäische nenne (vom vierten bis zum ersten vorchristlichen Jahrtausend), die Erkenntniskräfte wirken, sind solche Wesenskräfte erkennbar, die in dem Zeitalter, in dem die Atomenlehre entsteht, wieder, aber in einer anderen Tätigkeitsform, auftreten. In der Entstehung und Fortbildung des Atomismus sehe ich wirksam solche geistige Wesenskräfte, die in der Denkungsart des ägyptisch-chaldäischen Zeitalters in andrer Art schon wirksam waren.* – Wer auch nur ganz flüchtig auf meine Ausführungen eingeht, kann finden, daß die Geltendmachung geistiger Wirkenskräfte im Verfolg der Menschheitsentwickelung durch meine anthroposophischen Gesichtspunkte von mir nicht dazu getrieben wird, das rein historisch Beobachtbare durch allerlei Anthropomorphismen oder Analogien zu vernebeln, oder in das Dämmerdunkel einer falschen Mystik zu rücken. Max Dessoir findet möglich, mit Bezug auf das hier in Frage Kommende seinen Lesern die Worte vorzusetzen: «Nein – hier kann der geduldigste Berichterstatter seine Ruhe nicht länger bewahren. Vor jedermanns Augen liegt klar zutage, wie die Atomenlehre entstanden ist und sich seit dem Altertum folgerecht entwickelt hat, und da kommt jemand und ruft den geheimnisvollen großen Unbekannten zu Hilfe!»** – Wer meine «Rätsel der Philosophie» liest, sieht, daß, was vor je-

* Vergleiche meine Schrift «Die geistige Führung ...» [GA 1963], Seite 64f.
** Vergleiche Seite 259 des Dessoirschen Buches.

dermanns Auge liegt, auch von mir in dem Sinne dargestellt wird, wie es eben vor jedermanns Auge liegt; und daß ich für diejenigen Menschen, die verstehen können, daß das vor jedermanns Augen Liegende ein nicht vor Augen Liegendes birgt, auf dieses dem geistigen Schauen Zugängliche hinweise. Und mein Hinweis ist nicht der auf einen «geheimnisvollen Unbekannten», sondern eben auf etwas, das durch die anthroposophischen Gesichtspunkte *erkannt* wird.*

Daß das, was ich in einem oben angeführten Beispiele von Sokrates sage, Max Dessoir so wendet, als ob ich von mir selbst spreche, habe ich als unzulässig nachgewiesen. Daß aber die Bemerkung, die Max Dessoir auf Seite 34 seines Buches macht, auf niemand andern als auf ihn selbst zu beziehen ist, geht wohl aus dem Zusammenhange hervor. Um diese Bemerkung zu verstehen, muß man ins Auge fassen, daß Dessoir im Bewußtseinsaugenblick zwei Gebiete unterscheidet, ein Mittelfeld und die Randzone. Die Bewußtseinsinhalte bewegen sich, so führt er aus, immerwährend von einem dieser Gebiete in das andere. Nur erhalten diese Inhalte, wenn sie in die Randzone eintreten, ein besonderes Aussehen. Sie entbehren der Schärfe, haben weniger Eigenschaften als sonst, werden unbestimmt. Die Randzone führt ein Nebendasein. Doch gibt es zwei Wege, auf denen sie zu

---

* Man verzeihe mir hier ein aus der Mathematik entlehntes Gleichnis für die Dessoirsche «Kritik». Angenommen: Jemand sage innerhalb der Logarithmenlehre: zwei Zahlen werden multipliziert, wenn man deren Logarithmen addiert und zur Summe dieser die Grundzahl, als das Produkt, sucht. Wenn nun jemand käme und sagte: Nein – jedermann weiß doch, wie Zahlen multipliziert werden und da spricht einer vom Addieren! In dieser Art aber ist Max Dessoirs Kritik mit Bezug auf den oben berührten Punkt.

selbständigerer Wirksamkeit gelangt. Der erste dieser Wege kommt für das hier Anzuführende nicht in Betracht. Über den zweiten äußert sich Dessoir in der folgenden Art: «Der andere Weg der Verselbständigung verläuft so, daß die Randzone zwar als *Mitbewußtsein neben dem Hauptbewußtsein* bestehen bleibt, sich aber zu einer größeren Bestimmtheit und Verknüpfung ihrer Inhalte erhebt und dadurch in ein ganz neues Verhältnis zur gleichzeitigen vollbewußten Seelentätigkeit tritt. Um wiederum ein leicht verständliches Bild zu gebrauchen: aus dem Mittelpunkt des Kreises gleitet ein Komplex an die Peripherie, versinkt dort aber nicht ins Nebelhafte, sondern bewahrt teilweise seine Bestimmtheit und seinen Zusammenhang.»* Im Anschluß an diese Ausführung sagt dann Dessoir: «Ein Beispiel: Beim Vortragen sehr geläufiger Gedankengänge geraten mir gelegentlich Begriffe und Worte in jene Region, und die Aufmerksamkeit beschäftigt sich mit anderen Dingen. Trotzdem spreche ich weiter, gewissermaßen ohne Anteil des Bewußtseins. Dabei ist es vorgekommen, daß ich von einer plötzlich eingetretenen Stille im Saal überrascht wurde und mir erst klar gemacht werden mußte, daß sie die Folge meines eigenen Verstummens war! Gewohnte Vorstellungsverknüpfungen und Urteile können also auch ‹unterbewußt› vollzogen werden, zumal solche, die sich im Unanschaulichen bewegen; die mit ihnen verbundenen Sprachbewegungen laufen gleichfalls ohne Schwierigkeit in den eingeübten Bahnen.» Allerdings, wenn ich diese Stelle in ihrer vollen Tragweite nehme, möchte ich doch lieber nicht annehmen, daß sie auf eine Eigenerfahrung Dessoirs verweist, sondern daß er von etwas spricht, was er an andern

* Vergleiche Seite 32 ff. des Dessoirschen Buches.

verträumten Rednern bemerkt hat, und daß er «mir» und «ich» nur gebraucht in dem Sinne, wie man es tut, wenn man sich stilistisch so ausdrückt, als ob man sich an die Stelle des Andern versetze. Der Zusammenhang, in dem die Sätze stehen, macht diese Erklärung allerdings schwierig, und nur möglich, wenn man annimmt, Dessoir sei stilistisch dabei etwas unterlaufen, was in unserer hastenden Zeit vielen Schriftstellern geschieht. – Doch, wie dem auch sei, wesentlich liegt die Sache so, daß eine Seelenverfassung, in welcher das «Unterbewußte» eine solche Rolle spielt, wie in dem von Dessoir für einen Redner gekennzeichneten Fall, zu dem allerersten gehört, was seelisch überwunden werden muß, wenn man in das Verständnis der anthroposophischen Erkenntnis eindringen will. Das völlige Gegenteil: die restlose Durchdringung der Begriffe mit Bewußtheit, ist notwendig, wenn diese Begriffe ein Verhältnis haben sollen zur wirklichen geistigen Welt. Auf dem Gebiete der Anthroposophie ist ein Redner unmöglich, der weiterredet, wenn «die Aufmerksamkeit» sich «mit anderen Dingen» beschäftigt. Denn wer Anthroposophie erfassen will, muß sich daran gewöhnt haben, die Richtung seiner Aufmerksamkeit nicht zu trennen von der Richtung eines durch ihn hervorgerufenen Vorstellungsverlaufes. Er wird nicht weiter sprechen von Dingen, von denen sich seine Aufmerksamkeit abwendet, weil er nicht weiter über solche Dinge *denken* wird.

Sehe ich mir nun an, wie Max Dessoir über meine kleine Schrift «Blut ist ein ganz besonderer Saft» seinen Lesern berichtet, so drängt sich mir allerdings der Gedanke auf, daß er nicht nur weiter redet, wenn seine Aufmerksamkeit sich «anderen Dingen» zuwendet, sondern daß er in einem solchen Falle sogar *weiter schreibt*. In diesem Bericht findet man das Folgende. Es wird mein Satz angeführt: «Das Blut nimmt die durch das Gehirn verinnerlichten Bilder der Außenwelt auf»,* und dazu macht Dessoir die Bemerkung: «Eine solche ungeheuerliche Mißachtung aller Tatsachen verbindet sich mit der ebenso unbeweisbaren wie unverständlichen Behauptung, der vorgeschichtliche Mensch habe in den ‹Bildern, die sein Blut empfing›, auch die Erlebnisse seiner Vorfahren erinnert.»** Man lese doch diese Sätze, die Dessoir anführt, einmal in dem Zusammenhange nach, in dem sie in meiner Schrift stehen, und man nehme dazu meine Bemerkung auf Seite 24 derselben Schrift: «Ich muß im Gleichnisse sprechen, wenn ich die hier in Betracht kommenden komplizierten Vorgänge darstellen will», so wird man vielleicht doch einsehen, was es bedeutet, wenn jemand in der Dessoirschen Art berichtet. – Man stelle sich doch nur vor, was es hieße, wenn ich über Max Dessoirs «Jenseits der Seele» schriebe und meinen Lesern erzählte: da kommt jemand, der behauptet, das Blut, das «in unseren Adern» rinnt, ist «das Blut vieler Jahrtausende». Und es sei dies eine ebenso unbeweisbare wie unverständliche Behauptung, die sich als gleichwertig zu der andern verhält: «Doch unterliegt es keinem Zweifel, daß es hinter der Oberfläche des Bewußtseins einen dunklen, reich gefüllten Raum gibt, durch dessen Veränderungen auch die Krümmung der Oberfläche verändert wird.» Die beiden Sätze finden sich in dem Dessoirschen Buche, der letzte Seite 1, der erste, von dem «Blute der Jahrtausende» auf Seite 12. Beide Sätze sind natürlich voll berechtigt, weil sich Max Dessoir «im Gleichnisse» ausspricht. Wo ich dasselbe tun *muß*, und dies aus-

* Vergleiche meine Schrift «Blut ist ein ganz besonderer Saft» [1975], S. 24.
** Vergleiche Seite 261 des Dessoirschen Buches.

drücklich bemerke, schmiedet Dessoir sich zur Widerlegung eine kritische Waffe aus hölzernem Eisen. – Dessoir spricht davon, daß mein Hinweis auf geistig Wesenhaftes sich «im ganzen kennzeichnet als materialistische Vergröberung seelischer Vorgänge und personifizierende Verflachung der geistigen Werte».* Diese Behauptung ist gegenüber den Ausführungen meiner Schriften ebenso sinnvoll, wie wenn ich das Folgende sagte: Ein Denker, der imstande ist, zu sagen: «Man darf – in einer freilich sehr unvollkommenen Vergleichung – den Bewußtseinsaugenblick einen Kreis nennen, dessen Peripherie schwarz, dessen Mittelpunkt weiß und dessen dazwischen liegende Teile abgestuftes Grau sind», dessen Ansicht kennzeichne sich «im ganzen ... als materialistische Vergröberung seelischer Vorgänge». Und dieser Denker, der solch Groteskes macht, den Bewußtseinsaugenblick mit einem Kreise vergleicht, von weiß, grau, schwarz spricht, ist Max Dessoir.** Es kann mir natürlich nicht beifallen, dergleichen so hinzureden, denn ich weiß, Max Dessoir vergröbert in diesem Falle nicht in materialistischer Art seelische Vorgänge. Was *er* aber mir gegenüber vollbringt, *ist von der eben gekennzeichneten Art.*

Man wird es begreiflich finden, daß es völlig unmöglich ist, mit einer Kritik, die auf Voraussetzungen ruht wie die Dessoirsche, sich auseinanderzusetzen über den Sinn des Schicksalsgesetzes vom anthroposophischen Gesichtspunkte aus; ich müßte ganze Kapitel meiner Schriften hier abschreiben, wenn ich zeigen wollte, wie haarsträubend verschoben wird, was ich an Vorstellungen über das menschliche Schicksal vertrete durch die Dessoirsche Behauptung:

* Vergleiche Seite 260 des Dessoirschen Buches.
** Vergleiche Seite 32 des Dessoirschen Buches.

«Hiermit wird angeblich ein Zusammenhang von Ursache und Wirkung in der geistigen Welt enthüllt (die Kausalität gilt demnach nicht nur in der verstandesmäßig aufgefaßten Erfahrungswelt). Der Mensch, der sich durch eine Reihe von Lebensläufen hindurch vervollkommnet, untersteht dem Karma-Gesetz, wonach jede Tat ihre Folgen unausbleiblich nach sich zieht, also zum Beispiel die gegenwärtige Not von der Präexistenz her selbstverschuldet ist.»* Ich habe 1887 in meiner Einführung zum zweiten Bande von Goethes Naturwissenschaftlichen Schriften die Sätze niedergeschrieben: «Das Erklären eines Vorganges in der Natur ist ein Zurückgehen auf die Bedingungen desselben: ein Aufsuchen des Produzenten zu dem gegebenen Produkte. Wenn ich eine Wirkung wahrnehme und dazu die Ursache suche, so genügen diese zwei Wahrnehmungen keineswegs meinem Erklärungsbedürfnisse. Ich muß zu den Gesetzen zurückgehen, nach denen *diese* Ursache *diese* Wirkung hervorbringt. Beim menschlichen Handeln ist das nun anders. Da tritt die eine Erscheinung bedingende Gesetzlichkeit selbst in Aktion; was ein Produkt konstituiert, tritt selbst auf den Schauplatz des Wirkens. Wir haben es mit einem erscheinenden Dasein zu tun, bei dem wir stehen bleiben können, bei dem wir nicht nach den tiefer liegenden Bedingungen zu fragen brauchen.»** Es ist wohl klar, was ich meine: das Fragen nach Bedingungen einer menschlichen Handlung kann nicht in derselben Weise erfolgen wie einem Vorgange der Natur gegenüber. Es muß also anders sein. Meine Anschauungen über den Schicksalszusammenhang, die eng

---

* Vergleiche Seite 261 des Dessoirschen Buches.

** Vergleiche meine Einleitungen zu Goethes Naturwissenschaftlichen Schriften [GA 1973], Seite 198f.

verwandt sind mit denen nach den Willensquellen des Menschen, können also nicht auf dasjenige Verhältnis von Ursache und Wirkung weisen, von dem man in der Naturwissenschaft spricht. Ich gab mir deshalb in meinem Buche «Theosophie» alle Mühe, verständlich zu machen, daß ich weit davon entfernt bin, das Übergreifen der Erlebnisse des einen Menschenlebens in die folgenden im Sinne des natürlichen Kausalzusammenhanges zu denken. Max Dessoir entstellt meine Schicksalsvorstellung in gröbster Weise, indem er in deren Mitteilung den Satz verflicht: «Die Kausalität gilt demnach nicht nur in der verstandesmäßig aufgefaßten Erfahrungswelt.» – Eine Möglichkeit, diese Bemerkung anzubringen, schafft er sich nur dadurch, daß er aus meiner kleinen Schrift «Reinkarnation und Karma» einen Satz heraushebt, der in dieser Schrift eine längere Ausführung zusammenfaßt. Durch diese Ausführung wird dem Satze aber erst die rechte Bedeutung gegeben. So wie ihn Dessoir (isoliert) hinstellt, kann man in einer recht wohlfeilen Art seine Kritik daran üben. Der Satz heißt: «Alles, was ich in meinem gegenwärtigen Leben kann und tue, steht nicht abgesondert für sich allein da als Wunder, sondern hängt als Wirkung mit den früheren Daseinsformen meiner Seele zusammen, und als Ursache mit den späteren.»* Wer sich darauf einläßt, den Satz im Zusammenhang mit den Ausführungen zu lesen, die er zusammenfaßt, der wird finden, ich verstehe das Hinübergreifen von *einer* Lebensform in die *andere* so, daß auf dasselbe die im bloßen Naturbetrachten übliche Kategorie der Kausalität nicht anwendbar ist. Man kann nur in abgekürzter Redewendung von Kau-

---

* Vergleiche meine Schrift «Reinkarnation und Karma» [1975, Seite 25] und Seite 261f. von Dessoirs Buch.

salität sprechen, wenn man eben die genauere Bestimmung mitgibt oder beim Leser als bekannt voraussetzen darf. In meinem zusammenfassenden Satz läßt aber das Vorangehende gar nicht zu, daß man ihn anders als in der folgenden Art auffaßt: Alles, was ich in meinem gegenwärtigen Leben kann und tue, hängt als Wirkung mit den früheren Daseinsformen meiner Seele insofern zusammen, als die *im gegenwärtigen Leben* liegenden Ursachen meines Könnens und Handelns mit anderen Lebensformen in einer Beziehung stehen, welche nicht eine solche der gewöhnlichen Kausalität ist; und alles, was ich kann und tue hängt mit späteren Daseinsformen meiner Seele insofern zusammen, als dieses Gekonnte und Getane Ursache von Wirkungen im gegenwärtigen Leben ist, die nun ihrerseits mit dem Inhalt späterer Lebensformen in einer Beziehung stehen, welche wieder nicht eine solche der gewöhnlichen Kausalität ist. – Wer meine Schriften verfolgt, wird ersehen, daß ich nie einen Karma-Begriff vertreten habe, der mit der Vorstellung des freien Menschenwesens unvereinbar ist. Dessoir hätte das bemerken können, wenn er auch nichts anderes von mir Geschriebene «benutzt» hätte, als was in meiner «Geheimwissenschaft» steht: «Wer da meint, daß die menschliche Freiheit mit dem ... Vorausbestimmtsein der zukünftigen Gestaltung der Dinge nicht vereinbar sei, der sollte bedenken, daß des Menschen freies Handeln in der Zukunft ebensowenig davon abhängt, wie die vorausbestimmten Dinge sein werden, wie diese Freiheit davon abhängt, daß er sich vornimmt, nach einem Jahre in einem Hause zu wohnen, dessen Plan er gegenwärtig feststellt.»* Denn wenn auch

* Vergleiche meine «Geheimwissenschaft im Umriß» [GA 1968], Seite 413 f.

diese Sätze sich nicht unmittelbar auf die Zusammenhänge der menschlichen Erdenleben beziehen, so könnte sie doch nicht jemand schreiben, welcher der Meinung ist, die Schicksale dieser Erdenleben hängen *so* zusammen, wie es dem Gesetze der naturwissenschaftlichen Kausalität entspricht.

Dessoir läßt nirgends merken, daß er sich die Mühe genommen habe, zu prüfen, in welcher Art ich erkenntnistheoretisch und allgemein-philosophisch, sowie in Gemäßheit naturwissenschaftlicher Vorstellungen die von mir vertretene Anthroposophie begründe. Dafür stellt er Behauptungen auf, für die sich auch nicht einmal ein *entfernter* Anhaltspunkt in meinen Schriften vorfindet. So Seite 296 f. seines Buches: «Erfahren wir, daß die noch ganz in diesem Bann stehende Medizin des Mittelalters den Menschen nach dem Tierkreis einteilte und in der Hand mit ihren Fingern Unterabteilungen der Himmelsmaße sah, oder lesen wir bei *Rudolf Steiner*, daß vor der Befruchtung die Pflanze in einer solchen Lage ist wie die ganze Erde vor der Sonnentrennung war, so haben wir Beispiele für den Grundsatz, im Kleinen das Abbild großer Weltvorgänge zu sehen.»* Wäre, was Max Dessoir mit diesem Satze meint, ebenso richtig wie es unrichtig ist, so genügte es, meinen anthroposophischen Gesichtspunkt zusammenzuwerfen mit allem möglichen di-

---

* Max Dessoir schreibt dieses mit Bezug auf die Ausführungen meiner «Geheimwissenschaft im Umriß» [GA 1968], Seite 355 ff. Er ist einem Verständnis des von mir Gesagten nicht einmal nahe gekommen, sonst hätte er auf den Gedanken gar nicht verfallen können, daß diese Sache irgend etwas mit der von ihm angeführten dilettantischen Methode zu tun haben kann, «Entsprechungen» aufzusuchen zwischen weit voneinander entfernten Tatsachen. Ein Unbefangener muß sehen, daß, was ich über Erde und Sonnentrennung einerseits und über die Befruchtung der Pflanze andrerseits sage, in ganz selbständiger Weise gefunden wird, *ohne* von der

lettantischen Treiben, das sich gegenwärtig als Mystik, Theosophie und dergleichen geltend macht. In Wirklichkeit ist diese Behauptung Dessoirs nur – schon allein für sich – ein voller Beweis dafür, daß dieser Kritiker meiner Anthroposophie ohne jedes Verständnis gegenübersteht, sowohl, was deren philosophische Grundlage wie deren Methode, ja auch sogar was die *Ausdrucksform* für ihre Ergebnisse betrifft. Im Grunde ist Dessoirs Kritik nichts anderes als viele «Entgegnungen», denen die von mir vertretene Anthroposophie ausgesetzt ist. Mit ihnen sind Auseinandersetzungen unfruchtbar, weil sie nicht dasjenige kritisieren, was sie zu beurteilen vorgeben, sondern ein von ihnen willkürlich geformtes Zerrbild, gegenüber dem dann ihnen die Kritik recht leicht wird. Mir erscheint es ganz unmöglich, daß jemand, der einsieht, worauf es mir bei dem ankommt, was mir Anthroposophie ist, dieses zusammenstellt – wie es Dessoir tut – mit einer literarischen unwillkürlichen Burleske wie den Faustbüchern von J. A. Louvier, mit der absonderlichen Rassenmystik Guido Lists, mit der Christian Science – ja selbst mit alledem, was Dessoir als «Neu-Buddhismus» bezeichnet. – Ob es berechtigt ist, daß Max Dessoir von meinen Ausführungen sagt: «Es verrät eine Anspruchslosigkeit des Denkens, wenn bloß verlangt wird, das Vorgebrachte als nicht widersinnig anzuerkennen (denn im weiteren Sinn möglich ist gar vieles, was unwahrschein-

---

Absicht auszugehen, eine «Entsprechung» aufzufinden. Mit demselben Rechte könnte man sagen, der Physiker suche nach «Entsprechungen», wenn er die polarisch zu einander stehenden Tatsachen, die an der Anode und der Kathode zutage treten, in die Untersuchung zieht. Aber Dessoir ist eben weit entfernt davon, zu verstehen, daß die von mir angewandte Methode nichts zu tun hat mit dem, was er treffen will, sondern daß sie völlig die *ins Geistgebiet gewendete naturwissenschaftliche Denkweise* ist.

lich und fruchtlos bleibt); wenn nirgends untersucht und gefragt, gezweifelt und abgewogen, sondern von oben her bestimmt wird: ‹die Geheimwissenschaft sagt dies und das›.»* – dies zu beurteilen überlasse ich denjenigen, die meine Schriften wirklich kennen lernen mögen. Gar ein Satz wie dieser: «Harmlose Leser lassen sich vielleicht durch die eingestreuten Beispiele und die angebliche Aufklärung gewisser Erfahrungen bestechen ...»* kann mich höchstens dazu veranlassen, zu denken, wie «harmlose Leser» des Dessoirschen Buches sich vielleicht durch die eingestreuten, aber sinnlos interpretierten Zitate aus meinen Schriften und die gefällige Umsetzung meiner Gedanken ins Triviale bestechen lassen. – Wenn ich trotz der Unfruchtbarkeit, zu der eine Auseinandersetzung mit diesem Kritiker *von vorneherein* verurteilt ist, diese doch hier vorbringe, so geschieht es, weil ich wieder einmal an einem Beispiele zeigen *mußte*, welcher Art von Beurteilung das, was ich Anthroposophie nenne, begegnet; und weil es gar zu viele «harmlose Leser» gibt, die sich ihr Urteil über eine solche geistige Bestrebung nach Büchern wie das Dessoirsche bilden, ohne Kenntnis zu nehmen von dem, was beurteilt wird, und ohne auch nur zu ahnen, wie das in Wirklichkeit aussieht, von dem ihnen ein Zerrbild vor Augen gestellt wird.

Ob es eine Bedeutung hat, wenn jemand, der so ferne ist vom Verständnisse dessen, was ich anstrebe, der so von ihm beurteilte Schriften liest, wie Max Dessoir, – «von oben her» behauptet, ich lasse mir «gewisse Beziehungen zur Wissenschaft angelegen sein», besitze aber «kein inneres Verhältnis zum Geist der Wissenschaft»**, darüber urteile

* Vergleiche Seite 263 des Dessoirschen Buches.
** Vergleiche Seite 254 des Dessoirschen Buches.

ich auch nicht selbst, sondern überlasse dieses den Lesern meiner Bücher. – Fast ein Wunder wäre es, wenn die ganze Geistesart Max Dessoirs zu allem übrigen nicht auch noch den Satz fügte: «Gar nun die Masse seiner Anhänger verzichtet völlig auf eigene Denkarbeit.»* Wie oft müssen sich dieses diejenigen sagen lassen, die man als meine «Anhänger» zu bezeichnen beliebt! Gewiß, «Anhänger» von zweifelhaften Eigenschaften gibt es bei jeder geistigen Bestrebung. Es kommt aber darauf an, ob *diese* und nicht vielleicht andere für die Bestrebung die Charakteristischen sind. Was weiß Max Dessoir von meinen «Anhängern»? Was weiß er *darüber*, wie viele es unter ihnen gibt, die nicht nur weit entfernt davon sind, auf eigene Denkarbeit zu verzichten, sondern die, nachdem sie durch ihre Denkarbeit das wissenschaftlich Ungenügende der Weltanschauungen vom Schlage der Dessoirschen durchschaut haben, es nicht verschmähen, sich Anregungen zu holen bei den Bestrebungen, durch welche ich, so gut ich es vermag, einen methodischen Weg suche, um ein kleines Stück in die geistige Welt einzudringen. Vielleicht kommt doch die Zeit auch einmal heran, in der man gerechter urteilen wird über solche Menschen in der Gegenwart, die *genug* Denkarbeit zu verrichten imstande sind, um nicht zu den «harmlosen Lesern» Max Dessoirs zu gehören.**

 * Vergleiche Seite 254 des Dessoirschen Buches.
 ** Nur die Tatsache, daß Dessoir nicht in der Lage ist, sich wirklich entsprechende Vorstellungen über die anthroposophischen Versuche zu machen, läßt es erklärlich erscheinen, daß er nicht einmal da mit irgendeinem Verständnisse dieser Versuche einsetzt, wo sein eigener Gedankengang ihm dies so nahe wie möglich legt. Solch ein Fall liegt in dem vor, worauf er mit zwei Sätzen auf Seite 322f. seines Buches weist: «Es gibt kein Jenseits der Seele im Sinne einer unsichtbaren Wirklichkeit, weil geistige Sachverhalte des dinghaften wie des personenhaften Daseins überhoben sind. Das objek-

tive Seelenjenseits darf als ein Überbewußtsein, niemals aber als ein räumlich außerhalb der Seele Existierendes betrachtet werden.» Dessoir sieht nicht, daß er mit einem solchen Satze nicht eine Widerlegung, sondern gerade den Beweis für die Notwendigkeit der Anthroposophie liefert. Er sieht nicht, daß in meinen Schriften überall der Versuch unternommen wird, die in Betracht kommenden Fragen als *Bewußtseinsfragen* zu behandeln. Man wolle nur bemerken, wie *dieser Versuch* zum Beispiel gerade in meiner «Geheimwissenschaft im Umriß» durchgeführt ist. Nur kann eben Dessoir nicht sehen, daß dadurch der ganze Erkenntnisvorgang gegenüber der geistigen Welt zu einer inneren Verrichtung des Bewußtseins gemacht wird, daß *innerhalb* des Bewußtseins selbst andere Bewußtseinsformen erlebend aufgesucht werden müssen, die es dann allerdings nicht mit einem «räumlich außerhalb der Seele Existierenden» zu tun haben, sondern mit einem Innesein der Seele in einem solchen Existierenden, das in ebendemselben Sinne unräumlich ist wie die Erlebnisse des gewöhnlichen Bewußtseins es selbst schon sind. Allerdings müßte derjenige, der dieses einsehen will, im anthroposophischen Sinne zurecht gekommen sein mit einem solchen Satz wie derjenige ist, den Friedrich Theodor Vischer im 1. Teil seines «Altes und Neues», Seite 194, niedergeschrieben hat: «Die Seele, als oberste Einheit aller Vorgänge, kann allerdings nicht im Leibe lokalisiert sein, obwohl sie anderswo als im Leibe nicht ist ...» Dieser Satz gehört zu denjenigen, die an die Grenzorte des gewöhnlichen Erkennens führen im Sinne des I. Abschnittes dieser Schrift und im Sinne des 1. Kapitels der am Ende derselben stehenden «Skizzenhaften Erweiterungen des Inhaltes dieser Schrift».

III

FRANZ BRENTANO

Ein Nachruf

Über das Verhältnis von Anthropologie und Anthroposophie in genügender Form zu sprechen ist aus den im vorigen Abschnitt dieser Schrift angeführten Gründen in Anknüpfung an Max Dessoirs Buch «Vom Jenseits der Seele» nicht möglich. Ich glaube nun aber, daß dieses Verhältnis anschaulich werden kann, wenn ich an diese Stelle die Ausführungen setze, die ich in andrer Absicht niedergeschrieben habe, nämlich als Nachruf für den im März 1917 in Zürich verstorbenen Philosophen *Franz Brentano*. Der Hingang des von mir aufs höchste verehrten Mannes hat bei mir bewirkt, daß dessen bedeutungsvolles Lebenswerk erneut mir vor die Seele getreten ist; er hat mich bestimmt, das Folgende auszusprechen.

*

Es scheint mir, daß ich den Versuch machen darf, vom anthroposophischen Gesichtspunkte aus zu einer Ansicht über Franz Brentanos philosophisches Lebenswerk zu gelangen in diesem Augenblick, da der Tod der verehrten Persönlichkeit die Fortsetzung dieses Werkes unterbrochen hat. Ich glaube, daß der anthroposophische Gesichtspunkt mich nicht in eine einseitige Schätzung der Brentanoschen Weltanschauung verfallen lassen kann. Dies nehme ich aus zwei

Gründen an. Erstens kann die Vorstellungsart Brentanos von niemand beschuldigt werden, daß sie selbst auch nur die geringste Hinneigung zu einer anthroposophischen Richtung habe. Ihr Träger hätte diese, wenn er selbst zu einem Urteile über sie Veranlassung gehabt hätte, wohl mit aller Entschiedenheit abgelehnt. Zweitens bin ich, von meinem anthroposophischen Gesichtspunkte aus, in der Lage, der Philosophie Franz Brentanos rückhaltlose Verehrung entgegenzubringen.

Was das erste betrifft, so glaube ich nicht zu irren, wenn ich sage, Brentano hätte, wenn er über die von mir gemeinte Anthroposophie zu einem Urteil gekommen wäre, dies so gestaltet, wie dasjenige, das er sich über Plotins Philosophie gebildet hat. Wie dieser gegenüber würde er wohl auch von der Anthroposophie gesagt haben: «Mystisches Dunkel und ein freies Schweifen der Phantasie in unbekannten Regionen.»* Wie dem Neuplatonismus würde er auch gegenüber der Anthroposophie zur Vorsicht gemahnt haben, «damit man nicht, von eitlem Scheine verlockt, in den labyrinthischen Gängen einer Pseudophilosophie sich verliere».** Ja, er hätte vielleicht die Denkweise der Anthroposophie für zu dilettantisch befunden, um sie auch nur für würdig zu halten, sie den Philosophien beizuzählen, über die er so urteilte wie über die Fichte-Schelling-Hegelsche. In seiner Wiener Antrittsrede sagt er über diese: «Vielleicht ist auch die jüngstvergangene Zeit eine ... Epoche des Verfalles gewesen, in der alle Begriffe trüb ineinander schwammen, und von sachentsprechender Methode nicht eine Spur mehr

---

* Vergleiche Brentanos Schrift: «Was für ein Philosoph manchmal Epoche macht» (Wien, Pest, Leipzig, Hartlebens Verlag, 1876), Seite 14.
** Vergleiche Seite 23 der eben angeführten Schrift Brentanos.

zu finden war.»* Ich glaube, daß Brentano so geurteilt hätte, wenn ich auch selbstverständlich nicht nur dieses Urteil für völlig grundlos, sondern auch jede Zusammenstellung der Anthroposophie mit den Philosophien, mit denen sie dieser Philosoph wahrscheinlich zusammengestellt hätte, für unberechtigt halte.

Was nun den zweiten der oben angegebenen Gründe, mich mit der Brentanoschen Philosophie auseinanderzusetzen, betrifft, so darf ich bekennen, daß sie für mich zu den anziehendsten Leistungen der Seelenforschung in der Gegenwart gehört. Ich konnte zwar nur wenige der Wiener Vorlesungen Brentanos vor etwa sechsunddreißig Jahren hören; aber von diesem Zeitraum an habe ich seine schriftstellerische Tätigkeit mit wärmstem Anteile verfolgt. Leider erschienen seine Veröffentlichungen, gemessen an meinem Wunsche, von ihm zu vernehmen, in viel zu großen Zeitabständen. Und sie sind zumeist so gehalten, daß man durch sie nur wie durch kleine Öffnungen in einen Raum mit einer Fülle von Schätzen, so durch gelegentliche Veröffentlichungen auf ein weites Reich unveröffentlichter Gedanken blickte, das der hervorragende Mann in sich trug. So in sich trug, daß es in fortwährender Ausgestaltung hohen Erkenntniszielen zustrebte. Als nach langer Pause 1911 Brentanos Buch über «Aristoteles», seine glänzende Schrift «Aristoteles' Lehre vom Ursprung des menschlichen Geistes» und sein Wiederabdruck des wichtigsten Teiles seiner Psychologie mit den so scharfsinnigen «Nachträgen» erschienen waren, da war

---

* Vergleiche den Abdruck der 1874 beim Antritt seiner Wiener Professur gehaltenen Antrittsrede: «Über die Gründe der Entmuthigung auf philosophischem Gebiete» (Wien 1874), Seite 18.

das Lesen dieser Schriften für mich eine Reihe von Festesfreuden.*

Ich fühle mich Franz Brentano gegenüber von einer solchen Gesinnung durchdrungen, von der ich glaube sagen zu dürfen, daß man sie erwirbt, wenn die vom anthroposophischen Gesichtspunkte aus gewonnene wissenschaftliche Überzeugung – eben die Gesinnung ergreift. Ich bestrebe mich, seine Anschauungen in ihrem Werte zu durchschauen, wenn ich mich auch keiner Täuschung darüber hingebe, daß *er* in dem oben angedeuteten Sinne über Anthroposophie hätte denken können, ja wohl, müssen. Dies bringe ich hier wahrlich nicht vor, um in alberner Art über meine Gesinnung gegenüber gegnerischen oder abweichenden Anschauungen in eine eitle Selbstkritik zu verfallen, sondern weil ich weiß, wie viel Mißverständnisse meiner Urteile über andere Geistesrichtungen es mir gebracht hat, daß ich mich in meinen Veröffentlichungen oft so ausgesprochen habe, wie es eine Folge dieser Gesinnung ist.

Die ganze Brentanosche Seelenforschung methodisch durchdringend erscheinen mir die Grundgedanken, welche ihn 1868 zur Aufstellung seines Leitsatzes führten. Als er damals in Würzburg seine philosophische Professur antrat, rückte er seine Vorstellungsart in das Licht der These: es könne die wahre philosophische Forschungsart keine andere sein als die in dem naturwissenschaftlichen Erkennen berechtigte. «Vera philosophiae methodus nulla alia nisi

---

* Vergleiche Brentano: «Aristoteles und seine Weltanschauung» (1911, Verlag von Quelle und Meyer in Leipzig); Brentano: «Aristoteles' Lehre vom Ursprung des menschlichen Geistes» (Leipzig, Verlag von Veit und Comp., 1911); Brentano: «Von der Klassifikation der psychischen Phänomene» (Leipzig, Verlag von Duncker und Humblot, 1911).

scientiae naturalis est.»* Als er dann den ersten Band seiner «Psychologie vom empirischen Standpunkte» 1874 erscheinen ließ – in der Zeit, als er seine Wiener Professur antrat –, suchte er die Seelenerscheinungen in Gemäßheit des angeführten Leitsatzes wissenschaftlich darzulegen.** Für mich bildet, was Brentano mit diesem Buche gewollt hat, und was von diesem Wollen während seiner Lebenszeit durch seine Veröffentlichungen zutage getreten ist, ein bedeutsames wissenschaftliches Problem. Brentano hatte – das geht aus seinem Buche hervor – seine Psychologie auf eine Reihe von Büchern berechnet. Das zweite hatte er versprochen, kurze Zeit nach dem ersten erscheinen zu lassen. Es ist keine Fortsetzung des nur die Anfangsvorstellungen seiner Psychologie enthaltenden ersten Teiles erschienen. Als er 1889 seinen in der Wiener Juristischen Gesellschaft gehaltenen Vortrag «Vom Ursprung sittlicher Erkenntnis» abdrucken ließ, schrieb er in der Vorrede: «Man würde irren, wenn man um des zufälligen Anstoßes willen den Vortrag für ein flüchtiges Werk der Gelegenheit hielte. Er bietet Früchte von jahrelangem Nachdenken. Unter allem, was ich bisher veröffentlicht, sind seine Erörterungen wohl das gereifteste Erzeugnis. – Sie gehören zum Gedankenkreise einer ‹Deskriptiven Psychologie›, den ich, wie ich nunmehr zu hoffen wage, in nicht ferner Zeit seinem ganzen Umfange nach der Öffentlichkeit erschließen kann. Man wird dann an weiten

* Später sprach er sich über die Aufstellung dieser These aus in dem Vortrage, den er 1892 in der Wiener Philosophischen Gesellschaft gehalten hat und der abgedruckt ist als Schrift: «Über die Zukunft der Philosophie» (Wien, Alfred Hölder, 1893). Da findet man Seite 3 den hier gemeinten späteren Hinweis Brentanos auf seine These.
** Vergleiche Brentano: «Psychologie vom empirischen Standpunkte», 1. Band (Leipzig, Verlag von Duncker und Humblot, 1874).

Abständen von allem Hergebrachten, und insbesondere auch an wesentlichen Fortbildungen eigener, in der ‹Psychologie vom empirischen Standpunkt› vertretener Anschauungen genugsam erkennen, daß ich in meiner langen literarischen Zurückgezogenheit nicht eben müßig gewesen bin.»* Auch diese «Deskriptive Psychologie» ist nicht erschienen. Die Verehrer der Brentanoschen Philosophie können ermessen, welchen Gewinn sie ihnen gebracht hätte, wenn sie die ein enges Gebiet umfassenden 1907 erschienenen «Untersuchungen zur Sinnespsychologie» studieren.**

Man muß sich die Frage stellen: was hat Brentano dazu gebracht, in der Fortsetzung seiner Veröffentlichungen immer wieder inne zu halten, ja, das als in kurzer Zeit fertig Geglaubte dann doch nicht zu veröffentlichen? Ich bekenne, daß ich mit innerlichster Erschütterung in dem Nachruf für Franz Brentano, den Alois Höfler im Mai 1917 hat erscheinen lassen, die Worte las: «Wie er an seinem Hauptproblem, dem Gottesbeweis, so zuversichtlich weiterarbeitete, daß mir noch vor wenigen Jahren ein mit Brentano innig befreundeter, ausgezeichneter Wiener Arzt erzählte, Brentano habe ihm kürzlich versichert, nun habe er den Gottesbeweis binnen wenigen Wochen fertig ...»*** Ebenso empfand ich, als ich aus einem andern Nachruf (von Utitz)**** vernahm: «Das Werk, das er am heißesten geliebt, an dem er sein ganzes Leben lang geschaffen, ist unveröffentlicht geblieben.»

---

* Vergleiche Brentanos Schrift «Vom Ursprung sittlicher Erkenntnis» (Leipzig, Verlag Duncker und Humblot, 1889), Seite V f.
** Brentano: «Untersuchungen zur Sinnespsychologie» (Leipzig, Verlag Duncker und Humblot, 1907).
*** Süddeutsche Monatshefte, Mai 1917, in dem Aufsatz: «Franz Brentano in Wien», Seite 319 ff.
**** Erschienen in der Vossischen Zeitung.

Mir scheint, daß Brentanos Schicksale mit seinen geplanten Veröffentlichungen ein schwerwiegendes geisteswissenschaftliches Problem darstellen. Nähern wird man sich diesem wohl nur, wenn man dasjenige in seiner Eigenart betrachten will, was er der Welt hat mitteilen können.

Ich halte für wichtig, ins Auge zu fassen, daß Brentano in seiner psychologischen Forschung in scharfsinniger Weise eine reine Vorstellung des wirklich Seelischen zugrunde legen will. Er fragt sich: was ist Charakteristisches in allen Vorkommnissen, die man als seelische ansprechen muß. Und er fand, was er in den Nachträgen zur Psychologie 1911 so ausdrückte: «Das Charakteristische für jede psychische Tätigkeit besteht, wie ich gezeigt zu haben glaube, in der Beziehung zu etwas als Objekt.»* Vorstellen ist eine psychische Tätigkeit. Das Charakteristische ist, daß ich nicht nur vorstelle, sondern daß ich *etwas* vorstelle, daß meine Vorstellung sich auf etwas bezieht. Mit einem der mittelalterlichen Philosophie entlehnten Ausdruck bezeichnet Brentano diese Eigenheit der seelischen Erscheinungen als «intentionale Beziehung». «Der gemeinsame Charakterzug» – so führt er an einem andern Orte aus – «alles Psychischen besteht in dem, was man häufig mit einem leider sehr mißverständlichen Ausdruck Bewußtsein genannt hat, das heißt in einem subjektiven Verhalten, in einer, wie man sie bezeichnete, *intentionalen* Beziehung zu etwas, was vielleicht nicht wirklich, aber doch innerlich gegenständlich gegeben ist. Kein Hören ohne Gehörtes, kein Glauben ohne Geglaubtes, kein Hoffen ohne Gehofftes, kein Streben ohne Erstrebtes, keine Freude ohne etwas, worüber man sich freut, und

* Vergleiche Brentano: «Von der Klassifikation der psychischen Phänomene», Seite 122.

so im übrigen.»* Dieses intentionale Innesein ist nun in der Tat etwas, was wie ein Leitmotiv so führt, daß man alles, dem man es beilegen kann, eben dadurch in seiner seelischen Eigenart erkennt.

Den psychischen Erscheinungen stellt Brentano die physischen gegenüber: Farben, Schall, Raum und viele andere. Er findet, daß sich diese von jenen eben dadurch unterscheiden, daß ihnen eine intentionale Beziehung nicht eigen ist. Und er beschränkt sich darauf, diese Beziehung den psychischen Erscheinungen zu-, den physischen abzusprechen. Nun wird aber gerade, wenn man Brentanos Ansicht über die intentionale Beziehung kennen lernt, die Vorstellung zu der Frage hingeführt: macht ein solcher Gesichtspunkt nicht notwendig, auch das Physische von ihm aus anzusehen? Wer nun in diesem Sinne wie Brentano das Psychische, so das Physische auf ein Gemeinsames hin prüft, der findet, daß jede Erscheinung dieses Gebietes *durch etwas anderes* ist. Löst sich ein Körper in einer Flüssigkeit auf, so tritt diese Erscheinung am gelösten Körper durch die Beziehung der lösenden Flüssigkeit zu ihm auf. Wenn Phosphor seine Farbe durch die Einwirkung der Sonne ändert, so weist dies in dieselbe Richtung. Alle Eigenschaften in der physischen Welt sind durch die Verhältnisse der Dinge zu einander. Es ist für physisches Sein richtig, wenn Moleschott sagt: «Alles Sein ist ein Sein durch Eigenschaften. Aber es gibt keine Eigenschaft, die nicht durch ein Verhältnis besteht.»** Wie

---

* Vergleiche Brentano: «Vom Ursprung sittlicher Erkenntnis», Seite 14. Und über den Grundzug des Intentionellen «Psychologie vom empirischen Standpunkte», Seite 115 ff.

** Besonders prägnant hat dieses dargestellt *Richard Wallaschek* in einem bedeutenden Aufsatz der Wiener Wochenschrift «Die Zeit», Nr. 96 und 97 des Jahrganges 1896 (vom 1. und 8. August).

alles Psychische *in sich* etwas enthält, wodurch es auf ein *außer* ihm Befindliches weist, so ist umgekehrt ein Physisches so geartet, daß das, was es ist, es durch die Beziehung eines Äußeren auf es ist. Muß nicht jemand, der in so scharfsinniger Weise wie Brentano die intentionale Beziehung alles Seelischen betont, die Aufmerksamkeit auch auf das Charakteristische der physischen Erscheinungen richten, das sich durch den gleichen Gedankenvorgang ergibt? Sicher scheint zum mindesten, daß eine solche Betrachtung des Seelischen die Beziehung desselben zur physischen Welt nur finden kann, wenn sie dieses Charakteristische in Erwägung zieht.*

Brentano findet nun drei Arten von intentionalen Beziehungen im seelischen Leben. Die erste ist das *Vorstellen* von etwas; die zweite die Anerkennung oder Verwerfung, die sich im *Urteilen* ausspricht; die dritte die des Liebens oder Hassens, welche im *Fühlen* erlebt werden. Wenn ich sage: Gott ist gerecht, so stelle ich etwas vor; aber ich anerkenne oder verwerfe das Vorgestellte noch nicht; wenn ich aber sage: es gibt einen Gott, so anerkenne ich das Vorgestellte durch ein *Urteil*. Sage ich: die Freude ist mir lieb, so urteile ich nicht bloß, sondern ich erlebe ein *Gefühl*. Brentano unterscheidet aus solchen Voraussetzungen heraus drei Grundklassen der psychischen Erlebnisse: Vorstellen, Urteilen, Fühlen (oder die Erscheinungen des Liebens und Hassens). Diese drei Grundklassen setzt er an die Stelle der von anderen anerkannten Teilung der psychischen Erschei-

---

* Man vergleiche damit den Schluß des 7. Kapitels der am Ende dieser Schrift gegebenen «Skizzenhaften Erweiterungen des Inhaltes ...». «7. Die Sonderung des Seelischen von dem Außer-Seelischen durch Franz Brentano.»

nungen in: Vorstellen, Fühlen und Wollen.* Während nämlich Vorstellen und Urteilen viele in eine Klasse zusammenfassen, trennt Brentano die beiden. Er ist mit der Zusammenfassung nicht einverstanden, weil er nicht wie andere in dem Urteil nur eine Verbindung von Vorstellungen sieht, sondern eben eine Anerkennung oder ein Verwerfen des Vorgestellten, was beim bloßen Vorstellen nicht vollzogen wird. Gefühl und Wille hinwiederum, welche andere trennen, fallen für Brentano, ihrem seelischen Gehalte nach, in eins zusammen. Was seelisch erlebt wird, indem man sich zum Verrichten einer Handlung hingezogen oder davon abgestoßen fühlt, ist dasselbe, was man erlebt, wenn man zur Freude sich hingezogen oder vom Schmerze abgestoßen fühlt.

Es ist aus Brentanos Schriften ersichtlich, daß er einen großen Wert darauf legt, die von ihm vorgefundene Gliederung des seelischen Erlebens in Denken, Fühlen und Wollen durch die andere ersetzt zu haben, in Vorstellen, Urteilen und in Lieben und Hassen. Von dieser Gliederung aus sucht er sich einen Weg zu bahnen zum Verständnis dessen, was die Wahrheit auf der einen Seite, die sittliche Güte auf der anderen Seite ist. Die Wahrheit stützt sich ihm auf das richtige Urteilen; die sittliche Güte auf das richtige Lieben. Er findet: «Wir nennen etwas wahr, wenn die darauf bezügliche Anerkennung richtig ist. Wir nennen etwas gut, wenn die darauf bezügliche Liebe richtig ist.»**

Man kann in Brentanos Ausführungen finden, daß er mit der richtigen Anerkennung im Urteile bei der Wahrheit, mit

---

* Vergleiche Brentano: «Psychologie vom empirischen Standpunkte» Seite 233 ff., und seine Schrift: «Von der Klassifikation der psychischen Phänomene.»

** Vergleiche Brentano: «Vom Ursprung sittlicher Erkenntnis», Seite 17.

dem richtigen Erleben der Liebe bei der sittlichen Güte einen seelischen Tatbestand scharf ins Auge faßt und umschreibt. Allein man kann innerhalb seines Vorstellungsbereiches nichts finden, was genügen würde, um von dem seelischen Erlebnis des Vorstellens zu dem des Urteilens den Übergang zu finden. Wo man auch hinblickt in diesem Vorstellensbereich: man sucht vergebens nach der Beantwortung der Frage: was liegt denn vor, wenn sich die Seele bewußt ist, sie stelle nicht bloß vor, sondern sie finde sich veranlaßt, den Gegenstand des Vorstellens durch ein Urteil anzuerkennen? – Ebenso wenig kann man eine Frage vermeiden bei dem richtigen Lieben für die sittliche Güte. Innerhalb desjenigen Bereiches, welchen Brentano als «Seelisches» umschreibt, ist für das sittliche Verhalten allerdings kein anderer Tatbestand vorhanden als das richtige Lieben. Aber ist denn einer sittlichen Handlung nicht auch eine Beziehung zu der äußeren Welt eigen? Kann dieses, was eine solche Handlung für die Welt charakterisiert, erschöpft werden dadurch, daß man sagt: sie ist eine Handlung, die richtig geliebt wird?*

Man hat beim Verfolgen Brentanoscher Gedankengänge zumeist das Gefühl: sie seien immer fruchtbringend, weil sie ein Problem nach einer Richtung hin scharfsinnig und mit wissenschaftlicher Besonnenheit in Angriff nehmen; aber man empfindet auch, Brentano führt mit solchen Gedankengängen nicht zu *dem* Ziel, das seine Ausgangspunkte versprechen. Solch eine Empfindung kann sich auch aufdrängen, wenn man seine Dreiteilung des Seelenlebens in Vor-

---

* Man vergleiche hiermit das 5. Kapitel in den am Ende dieser Schrift gegebenen «Skizzenhaften Erweiterungen des Inhaltes ...»: «5. *Über die wirkliche Grundlage der intentionalen Beziehung.*»

stellen, Urteilen, Lieben und Hassen vergleicht mit der andern in Vorstellen, Fühlen und Wollen. Man folgt mit einer gewissen Zustimmung dem, was er für seine Meinung beizubringen weiß; und man kann zuletzt doch wohl kaum die Überzeugung gewinnen, daß er alle Gründe hinreichend würdigt, die für die andere sprechen. Man nehme nur als besonderes Beispiel die Folgerung, die Brentano aus seiner Gliederung für die Kennzeichnung des Wahren, Schönen und Guten zieht. Wer das Seelenleben nach erkennendem Vorstellen, Fühlen und Wollen gliedert, wird kaum anders können, als das Streben nach Wahrheit mit dem Vorstellen, das Erleben der Schönheit mit dem Fühlen, das Vollbringen des Guten mit dem Wollen in einen näheren Zusammenhang zu bringen. Im Lichte der Brentanoschen Gedanken erscheint die Sache anders. Da haben die Vorstellungen als solche keine Beziehung zu einander, durch die sich als solche schon die Wahrheit offenbaren könnte. Strebt die Seele nach einem Vollkommenen in der Beziehung von Vorstellungen, so kann daher ihr Ideal dabei nicht die Wahrheit sein; es ist vielmehr die Schönheit. Die Wahrheit liegt nicht auf dem Wege des bloßen Vorstellens, sondern des Urteilens. Und das sittlich Gute findet sich nicht als ein dem Wollen Wesentliches, sondern ist Inhalt eines Fühlens; denn richtig zu lieben, ist Gefühls-Erlebnis.* – Nun kann aber die Wahrheit für das gewöhnliche Bewußtsein doch nur im vorstellenden Erkennen gesucht werden. Denn, wenn auch das Urteil, das zur Wahrheit führt, nicht in einer bloßen

---

* Vergleiche Brentano: «Psychologie vom empirischen Standpunkte», Seite 340 ff., und seine Schrift: «Von der Klassifikation der psychischen Phänomene», Seite 110 ff., sowie auch das von ihm in seiner Schrift «Vom Ursprung sittlicher Erkenntnis», Seite 17 ff., Gesagte.

Verbindung von Vorstellungen sich erschöpft, sondern auf einer Anerkennung oder Verwerfung von Vorstellungen beruht, so kann diese Anerkennung oder Verwerfung von diesem Bewußtsein nur in Vorstellungen erlebt werden. – Und wenn auch die Vorstellungen, durch die ein Schönes dem Bewußtsein sich darstellt, in gewissen innerhalb des Vorstellungslebens gelegenen Verhältnissen sich offenbaren: *erlebt* wird die Schönheit doch durch das Gefühl. – Und obgleich ein sittlich Gutes in der Seele ein richtiges Lieben hervorrufen soll: sein Wesentliches ist doch die *Verwirklichung* des richtig Geliebten durch das Wollen.

Man erkennt erst, was in Brentanos Gedanken über die Dreigliederung des Seelenlebens vorliegt, wenn man durchschaut, daß er von etwas ganz anderem spricht als diejenigen, welche diese Gliederung nach Vorstellen, Fühlen und Wollen vollziehen. Diese wollen einfach die Erfahrung des gewöhnlichen Bewußtseins beschreiben. Und dieses erfährt von sich selbst in den von einander unterschiedenen Verrichtungen des Vorstellens, Fühlens und Wollens. Was wird da eigentlich erfahren? In meinem Buche «Vom Menschenrätsel» habe ich versucht, diese Frage zu beantworten. Die dort vorgebrachten Ergebnisse habe ich in der folgenden Art zusammengefaßt. «Zunächst ist das seelische Erleben des Menschen, wie es sich im Denken, Fühlen und Wollen offenbart, an die leiblichen Werkzeuge gebunden. Und es gestaltet sich so, wie es durch diese Werkzeuge bedingt ist. Wer aber meint, er sehe das *wirkliche* Seelenleben, wenn er die Äußerungen der Seele durch den Leib beobachtet, der ist in demselben Fehler befangen, wie einer, der glaubt, *seine Gestalt* werde von dem Spiegel hervorgebracht, vor dem er steht, weil der Spiegel die notwendigen Bedingungen enthalte, durch die sein *Bild* erscheint. Dieses Bild ist sogar in gewissen Grenzen als Bild von der Form des Spiegels usw. abhängig: *was es aber darstellt*, das hat mit dem Spiegel nichts zu tun. Das menschliche Seelenleben muß, um innerhalb der Sinneswelt sein Wesen voll zu erfüllen, ein *Bild* seines Wesens haben. Dieses Bild muß es im *Bewußtsein* haben; sonst würde es zwar ein Dasein haben; aber von diesem Dasein keine Vorstellung, kein Wissen. Dieses *Bild*, das im gewöhnlichen Bewußtsein der Seele lebt, ist nun völlig bedingt durch die leiblichen Werkzeuge. Ohne diese würde es nicht da sein, wie das Spiegelbild nicht ohne den Spiegel. *Was aber durch dieses Bild erscheint*, das Seelische selbst, ist seinem Wesen nach von den Leibeswerkzeugen nicht abhängiger als der vor dem Spiegel stehende Beschauer von dem Spiegel. Nicht die Seele ist von den Leibeswerkzeugen abhängig, sondern allein das *gewöhnliche Bewußtsein* der Seele.»* – Schildert man diesen von der Leibesorganisation abhängigen Bewußtseinsbereich, so gliedert man richtig nach Vorstellen, Fühlen und Wollen.** Aber Brentano schildert etwas anderes. Man fasse zunächst ins Auge, daß er unter dem «Urteilen» ein Anerkennen oder Abweisen eines Vorstellungsinhaltes versteht. Das Urteilen betätigt sich innerhalb des Vorstellungslebens; aber es nimmt die Vorstellun-

* Vergleiche hierzu mein Buch «Vom Menschenrätsel» [GA 1957], Seite 156. Ich möchte die für viele gewiß überflüssige Bemerkung hier anfügen, daß ich – aus der Wesenheit der Sache heraus – bei meinem Vergleiche des Bewußtseins mit einem Spiegelbilde nicht im Auge habe, was man gewöhnlich tut, die Vorstellungswelt ein Spiegelbild der Außenwelt zu nennen, sondern daß ich, was die Seele im gewöhnlichen Bewußtsein erlebt, als ein Spiegelbild des wahrhaft Seelischen bezeichne.

** Man vergleiche damit das 6. Kapitel der am Ende dieser Schrift gegebenen «Skizzenhaften Erweiterungen des Inhaltes ...»: «6. Die physischen und die geistigen Abhängigkeiten der Menschen-Wesenheit.»

gen, die in der Seele auftreten, nicht einfach hin, sondern es setzt sie durch Anerkennung oder Ablehnung in Beziehung zu einer Wirklichkeit. Sieht man genauer zu, so kann diese Beziehung der Vorstellungen auf eine Wirklichkeit nur in einer Tätigkeit der Seele gefunden werden, welche in dieser selbst sich vollzieht. Dem entspricht aber niemals restlos, was die Seele bewirkt, wenn sie eine Vorstellung urteilend auf eine Sinneswahrnehmung bezieht. Denn da ist es der Zwang des äußeren Eindruckes, der nicht rein innerlich erlebt, sondern nur *nacherlebt* wird, und so als vorgestelltes Nach-Erlebnis zur Anerkennung oder zum Verwerfen führt. Dagegen entspricht, was Brentano beschreibt, in dieser Beziehung vollkommen demjenigen Erkennen, das im ersten Abschnitt dieser Schrift das imaginative genannt wird. In diesem wird das Vorstellen des gewöhnlichen Bewußtseins nicht einfach hingenommen, sondern in innerem Seelen-Erleben weiter gebildet, so daß aus ihm sich die Kraft auslöst, das seelisch Erfahrene auf eine *geistige* Wirklichkeit so zu beziehen, daß diese anerkannt oder verworfen wird. Brentanos Urteilsbegriff wird also nicht im gewöhnlichen Bewußtsein vollkommen verwirklicht, sondern in der Seele, die in imaginativer Erkenntnis sich betätigt. – Des weiteren ist klar, daß durch Brentanos vollständige Ablösung des Vorstellungs- von dem Urteilsbegriff, von ihm das Vorstellen als bloßes *Bild* gefaßt wird. So aber lebt das gewöhnliche Vorstellen in der imaginativen Erkenntnis. Auch diese zweite Eigenschaft, welche die Anthroposophie dem imaginativen Erkennen beilegt, findet sich also in Brentanos Charakteristik der psychischen Erscheinungen. – Ferner: Brentano spricht die Erlebnisse des Fühlens als Erscheinungen der Liebe und des Hasses an. Wer zum imaginativen Erkennen aufsteigt, der muß in der Tat diejenige Art des seelischen Erlebens, die für das gewöhnliche Bewußtsein als Lieben und Hassen – im Brentanoschen Sinn – sich offenbart, für das übersinnliche Schauen so umwandeln, daß er sich gewissen Eigenarten der geistigen Wirklichkeit gegenübersetzen kann, welche in meiner «Theosophie» zum Beispiel in der folgenden Art geschildert werden: «Es gehört zu dem ersten, was man sich für die Orientierung in der seelischen Welt aneignen muß, daß man die verschiedenen Arten ihrer Gebilde in ähnlicher Weise unterscheidet, wie man in der physischen Welt feste, flüssige und luft- oder gasförmige Körper unterscheidet. Um dazu zu kommen, muß man die beiden Grundkräfte kennen, die hier vor allem wichtig sind. Man kann sie *Sympathie* und *Antipathie* nennen. Wie diese Grundkräfte in einem seelischen Gebilde wirken, danach bestimmt sich dessen Art.»* Während Lieben und Hassen für das Leben der Seele in der Sinneswelt etwas Subjektives bleibt, erlebt das imaginative Erkennen das objektive Verhalten in der Seelenwelt mit durch innere Erfahrungen, die dem Lieben und Hassen gleichkommen. Brentano beschreibt auch da, indem er von Seelenerscheinungen spricht, eine Eigenheit des imaginativen Erkennens (durch die dasselbe aber schon in den Bereich einer noch höheren Erkenntnisart** hineinreicht). Und daß

* Vergleiche meine «Theosophie» [GA 1973], Seiten 99/100.
** Die erste Form des «schauenden Erkennens», die imaginative, geht über in die zweite, die in meinen Schriften die inspirierte genannt wird. Wie eigentlich in der Brentanoschen Definition des Liebens und Hassens schon die in die Inspiration übergegangene Imagination lebt, das findet man dargestellt in den Schlußausführungen des 6. Kapitels der am Ende dieser Schrift gegebenen «Skizzenhaften Erweiterungen des Inhaltes ...»: «6. Die physischen und die geistigen Abhängigkeiten der Menschen-Wesenheit.»

er von der *objektiven* Art des Liebens und Hassens im Gegensatz zur subjektiven Gefühlsweise des gewöhnlichen Bewußtseins eine Vorstellung hat, das ersieht man daraus, daß er die sittliche Güte als ein richtiges Lieben darstellt. – Zuletzt muß ganz besonders in Betracht gezogen werden, daß für Brentano das Wollen aus dem Kreise der Seelenerscheinungen herausfällt. Nun gehört das aus dem gewöhnlichen Bewußtsein erfließende Wollen ganz der physischen Welt an. Es verwirklicht sich in der Gestalt, wie es von diesem Bewußtsein gedacht werden kann, restlos in der physischen Welt, obwohl es ein in der physischen Welt sich offenbarendes rein geistig-Wesenhaftes *an sich* ist. Schildert man das in der physischen Welt vorhandene gewöhnliche Bewußtsein, so kann in dieser Schilderung das Wollen nicht fehlen. Schildert man das schauende Bewußtsein, so kann in diese Schilderung nichts von den Vorstellungen über das gewöhnliche Wollen übergehen. Denn in der seelischen Welt, auf welche das imaginative Bewußtsein sich bezieht, erfolgt das Geschehen auf einen seelischen Impuls hin anders als durch Akte des Wollens, wie solche der physischen Welt eigen sind. Indem also Brentano die seelischen Erscheinungen in *dem* Gebiete ins Auge faßt, in dem die imaginative Erkenntnis sich betätigt, muß ihm der Begriff des Wollens sich verflüchtigen.

Es scheint wirklich einleuchtend zu sein, daß Brentano dazu getrieben worden ist, indem er das Wesen der psychischen Erscheinungen beschrieben hat, eigentlich das Wesen der schauenden Erkenntnis zu schildern. Selbst aus Einzelheiten seiner Darstellung geht dies klar hervor. Man nehme ein Beispiel für viele, die angeführt werden könnten. Er sagt: «Der gemeinsame Charakterzug alles Psychischen besteht in dem, was man häufig mit einem leider sehr mißverständlichen Ausdruck Bewußtsein genannt hat ...».* Aber wenn man nur diejenigen Seelenerscheinungen schildert, welche als dem gewöhnlichen Bewußtsein angehörig von der Leibesorganisation bedingt sind, so ist der Ausdruck gar nicht mißverständlich. Brentano hat eine Empfindung davon, daß die wirkliche Seele aber in diesem gewöhnlichen Bewußtsein nicht lebt, und er fühlt sich veranlaßt, von dem Wesen dieser wirklichen Seele in Vorstellungen zu sprechen, die allerdings mißverstanden werden müssen, wenn man auf sie den gewöhnlichen Bewußtseinsbegriff anwenden will.

Brentano geht in seiner Forschung so vor, daß er die Erscheinungen des anthropologischen Gebietes bis dahin verfolgt, wo sie den Unbefangenen dazu zwingen, Vorstellungen über die Seele zu bilden, welche zusammentreffen mit dem, was die Anthroposophie auf ihren Wegen über die Seele findet. Und die Ergebnisse der beiden Wege zeigen sich gerade durch Brentanos Psychologie im vollsten Einklange. Brentano selbst wollte aber den anthropologischen Weg nicht verlassen. Daran hinderte ihn seine Auslegung des von ihm aufgestellten Leitsatzes: «Es kann die wahre Forschungsart der Philosophie keine andere sein als die in der naturwissenschaftlichen Erkenntnisart anerkannte.»** Eine andere Auffassung dieses Leitsatzes hätte ihn dazu führen können, anzuerkennen, daß man gerade dann die naturwissenschaftliche Vorstellungsart in dem rechten Lichte sieht, wenn man sich bewußt ist, daß diese für das geistige Gebiet sich ihrem eigenen Wesen gemäß wandeln muß. Brentano hat die wahren Seelenerscheinungen, welche er

---

* Vergleiche Brentano: «Vom Ursprung sittlicher Erkenntnis», Seite 14.
** Vergleiche oben Seite 81 f. dieser Schrift.

als solche kennzeichnet, niemals zum Gegenstande eines ausgesprochenen Bewußtseins machen wollen. Hätte er dieses getan, so wäre er von der Anthropologie zur Anthroposophie fortgeschritten. Er fürchtete diesen Weg, weil er ihn nur als ein Abirren in «mystisches Dunkel und ein freies Schweifen der Phantasie in unbekannte Regionen» anzusehen vermochte.* Er ließ sich auf eine Prüfung dessen gar nicht ein, was seine eigene psychologische Auffassung notwendig machte. Jedesmal, wenn er vor der Notwendigkeit stand, seinen eigenen Weg fortzusetzen in das anthroposophische Gebiet hinein, blieb er stehen. Er wollte die Fragen, welche sich nur anthroposophisch beantworten lassen, anthropologisch lösen. Diese Lösung mußte scheitern. Weil sie scheitern mußte, konnte er seine angefangenen Darstellungen nicht so fortsetzen, daß die Fortsetzung für ihn hätte befriedigend werden können. Hätte er die «Psychologie vom empirischen Standpunkt» fortgesetzt: sie hätte nach dem Ergebnisse des ersten Bandes eine Anthroposophie werden müssen. Hätte er seine «Deskriptive Psychologie» wirklich geliefert: Anthroposophie müßte aus ihr überall herausleuchten. Hätte er entsprechend seinem Ausgangspunkte die Ethik seiner Schrift «Vom Ursprung sittlicher Erkenntnis» weiter geführt: er hätte auf Anthroposophie stoßen müssen.

Vor Brentanos Seele stand die Möglichkeit einer Psychologie, die nicht wie die rein anthropologische gestaltet sein kann. Die letztere kann an die Fragen gar nicht denken, welche als die bedeutungsvollsten über das Seelenleben aufgeworfen werden müssen. Die neuere Psychologie will nur anthropologisch sein, weil sie alles darüber Hinausgehende für unwissenschaftlich hält. Brentano aber sagt: «Für die

* Vergleiche oben Seite 79 dieser Schrift.

Hoffnungen eines Platon und Aristoteles, über das Fortleben unseres besseren Teiles nach der Auflösung des Leibes Sicherheit zu gewinnen, würden dagegen die Gesetze der Assoziation von Vorstellungen, der Entwickelung von Überzeugungen und Meinungen und des Keimens und Treibens von Lust und Liebe alles andere, nur nicht ein wahre Entschädigung sein ... Und wenn wirklich der Unterschied der beiden Anschauungen die Aufnahme oder den Ausschluß der Frage nach der Unsterblichkeit besagte, so wäre er für die Psychologie ein überaus bedeutender zu nennen, und ein Eingehen in die metaphysische Untersuchung über die Substanz als Trägerin der Zustände unvermeidlich.»*
Anthroposophie zeigt, wie nicht durch metaphysische Spekulationen in das von Brentano bezeichnete Gebiet eingetreten werden kann, sondern allein durch Betätigung solcher Seelenkräfte, welche nicht in das gewöhnliche Bewußtsein fallen können. Indem Brentano in seiner Philosophie das Wesen der Seele so schildert, daß in seiner Schilderung das Wesen der schauenden Erkenntnis deutlich zum Ausdrucke kommt, ist diese Philosophie eine vollkommene Rechtfertigung der Anthroposophie. Und man darf in Brentano sehen den philosophischen Forscher, der auf seinem Wege bis zur Pforte der Anthroposophie gelangt, diese Pforte aber nicht aufschließen *will*, weil das Bild von naturwissenschaftlicher Denkart, das er sich macht, ihm den Glauben erzeugt, er gelange durch dieses Aufschließen in den Abgrund der Unwissenschaft.

*

* Vergleiche Brentano: «Psychologie vom empirischen Standpunkte», Seite 20.

Die Schwierigkeiten, vor die sich Brentano oft gestellt sieht, wenn er seine Vorstellungen fortsetzen will, rühren davon her, daß er diese Vorstellungen über das Wesen des Seelischen auf dasjenige bezieht, was im gewöhnlichen Bewußtsein vorliegt. Dazu wird er veranlaßt, weil er innerhalb der Auffassung stehen bleiben will, die ihm als die naturwissenschaftlich berechtigte erscheint. Aber diese Auffassung kann durch ihre Erkenntnismittel eben nur zu dem gelangen, was von dem Seelischen als der Inhalt des gewöhnlichen Bewußtseins vorliegt. Dieser Inhalt ist aber nicht die Wirklichkeit des Seelischen, sondern dessen Spiegelbild. Dies durchschaut Brentano nur von der einen Seite des begreifenden Verstehens, aber nicht von der andern, der Beobachtung. In seinen Begriffen entwirft er ein Bild seelischer Erscheinungen, die sich in der Wirklichkeit der Seele abspielen; wenn er beobachtet, glaubt er in dem Spiegelbild des Seelischen eine Wirklichkeit zu haben.* – Eine andere philosophische Richtung, der Brentano die schärfste Abneigung entgegengebracht hat, diejenige Eduard von Hartmanns, ist auch von einer naturwissenschaftlichen Vorstellungsart ausgegangen. Eduard von Hartmann hat den Spiegelbild-Charakter des gewöhnlichen Bewußtseins durchschaut. Er sieht daher in diesem Bewußtsein keine Wirklichkeit. Aber er lehnt es auch entschieden ab, die entsprechende Wirklichkeit überhaupt in ein menschliches Bewußtsein hereinzuholen. Er verweist diese Wirklichkeit in das Gebiet des Unbewußten. Über dieses zu reden, gestattet er nur der hypothetischen Anwendung der durch gewöhnliches Be-

---

* Vergleiche hiermit das 7. Kapitel der am Ende dieser Schrift gegebenen «Skizzenhaften Erweiterungen des Inhaltes...»: «7. Die Sonderung des Seelischen von dem Außer-Seelischen durch Franz Brentano.»

wußtsein gebildeten Begriffe über dieses Gebiet hinaus.*
Die Anthroposophie behauptet, daß über dieses Gebiet hinaus geistige Beobachtung möglich ist. Und daß dieser geistigen Beobachtung auch Begriffe zugänglich seien, die so wenig bloß hypothetisch sein dürfen wie die im sinnlichen Felde gewonnenen. – Eduard von Hartmanns Übersinnliches soll kein unmittelbar Erkanntes, sondern ein aus dem unmittelbar Erkannten Erschlossenes sein. Hartmann gehört zu denjenigen Philosophen der neueren Zeit, die Begriffe nicht bilden wollen, wenn sie zum Ausgangspunkte dieser Begriffsbildung nicht die Aussagen der sinnlichen Beobachtung und des Erlebens im gewöhnlichen Bewußtsein haben. Brentano bildet solche Begriffe. Aber er täuscht sich über die Wirklichkeit, in der sie durch Beobachtung gebildet werden können. Sein Geist erweist sich als merkwürdig zwiespältig. Er möchte ganz Naturforscher in dem Sinne sein, wie sich die naturwissenschaftliche Vorstellungsart in der neueren Zeit herausgebildet hat. Und er muß doch Begriffe bilden, welche sich vor dieser Vorstellungsart nur dann rechtfertigen lassen, wenn man dieselbe nicht als die einzig geltende hinnimmt. Dieser Zwiespalt in Brentanos Forschergeist wird dem erklärlich, der sich in die ersten Schriften Brentanos vertieft: in sein Buch: «Von der mannigfachen Bedeutung des Seienden nach Aristoteles» (1862); in seine «Psychologie des Aristoteles» (1867) und in seinen «Creatinismus des Aristo-

* Die in bezug auf obiges zielenden Anschauungen Eduard von Hartmanns findet man in übersichtlicher Art dargestellt in dessen zwei Büchern: «Die moderne Psychologie» (Leipzig 1901, Hermann Haackes Verlag) und «Grundriß der Psychologie» (Band 3 von E. v. Hartmanns System der Philosophie im Grundriß, Bad Sachsa im Harz 1908, Hermann Haacke, Verlagsbuchhandlung).

teles» (1882).* – In diesen Schriften geht Brentano mit mustergiltiger Gelehrsamkeit den Gedankengängen des Aristoteles nach. Und in diesem Nachgehen eignet er sich ein Denken an, das sich nicht in den Begriffen erschöpfen lassen kann, die in der Anthropologie geltend sind. In diesen Schriften hat er einen Seelenbegriff im Bereiche seiner Aufmerksamkeit, welcher das Seelische aus dem Geistigen herleitet. Dieses aus dem Geiste herstammende Seelische bedient sich des aus physischen Vorgängen gebildeten Organismus, um innerhalb des sinnlichen Daseins sich Vorstellungen zu bilden. Was in der Seele sich Vorstellungen bildet, ist geistiger Natur, ist der «Nus» des Aristoteles. Aber dieser «Nus» ist von zweifacher Wesenheit, als «Nus pathetikos» ist er rein leidend; er läßt sich von den durch den Organismus ihm gegebenen Eindrücken zu seinen Vorstellungen anregen. Damit aber diese Vorstellungen so in die Erscheinung treten, wie sie in der tätigen Seele sind, muß diese Tätigkeit als «Nus poietikos» wirken. Was der «Nus pathetikos» liefert, wären bloß Erscheinungen in einem finsteren Seelensein; sie werden beleuchtet durch den «Nus poietikos». Brentano sagt darüber: Der Nus poietikos ist das Licht, welches die Phantasmen erleuchtet und das Geistige im Sinnlichen für unser Geistesauge sichtbar macht.** – Es kommt, wenn man Brentano verstehen will, nicht allein darauf an, inwieweit er die aristotelischen Vorstellungen in seine eigene Überzeugung aufgenommen hat, sondern vor allem darauf, daß er sich mit dem eigenen Denken in diesen Vorstellungen

---

* Franz Brentano: «Von der mannigfachen Bedeutung des Seienden nach Aristoteles» (Freiburg im Breisgau, Herdersche Verlagshandlung); dessen «Die Psychologie des Aristoteles» (Mainz, Verlag von Franz Kirchheim); dessen «Über den Creatinismus des Aristoteles» (Wien, Tempsky).
** Vergleiche Brentano: «Die Psychologie des Aristoteles», Seite 172 ff.

hingebungsvoll bewegt hat. Dadurch aber betätigte sich dieses Denken in einem Bereiche, in dem der Ausgangspunkt der Sinnesanschauung, und damit die anthropologische Grundlage für die Begriffsbildung nicht vorhanden sind. Und dieser Grundzug des Denkens ist in Brentanos Forschung geblieben. Er will zwar nur gelten lassen, was nach dem Muster der gegenwärtigen naturwissenschaftlichen Vorstellungsart anerkannt werden kann; aber er muß Gedanken bilden, die nicht in dieses Bereich gehören. Nun läßt sich nach rein naturwissenschaftlicher Methode über die Seelenerscheinungen nur etwas sagen, insoferne diese das durch die Leibesorganisation bedingte Spiegelbild des wirklich Wesenhaften der Seele sind, das heißt, insoferne sie in ihrem Spiegelbild-Charakter mit der Leibesorganisation entstehen und vergehen. Was aber Brentano über die Wirklichkeit des Seelischen denken muß, ist ein Geistiges, von der Leibesorganisation Unabhängiges, das sogar durch den «Nus poietikos» sich das Geistige im Sinnlichen durch unser Geistesauge sichtbar macht. – Daß Brentano sich mit seinem Denken in solchen Bereichen bewegen kann, verbietet ihm, das Seelensein durch die Leibesorganisation entstehend und mit der Leibesorganisation vergehend zu denken. Weil er aber eine übersinnliche Beobachtung ablehnt, so kann ihm in diesem Seelensein kein *Inhalt* beobachtbar sein, der über das physische Sein hinausreicht. Sobald er der Seele einen Inhalt zuschreiben soll, den diese ohne die Mithilfe der Leibesorganisation entfalten könnte, fühlt sich Brentano in einer Welt, für die er keine Vorstellungen findet. In solcher Geistesverfassung wendet er sich an Aristoteles und findet auch bei ihm Seelenvorstellungen, die für ein außerleibliches Dasein keinen anderen Inhalt ergeben, als den im leiblichen

Dasein erworbenen. Charakteristisch in seiner Einseitigkeit ist, was in dieser Beziehung Brentano in seiner «Psychologie des Aristoteles» vorbringt: «Wie nun der Mensch, wenn ihm ein Fuß oder ein anderes Glied entrissen wird, keine vollendete Substanz mehr ist, so ist er natürlich noch viel weniger eine vollendete Substanz, wenn der ganze leibliche Teil dem Tode anheimgefallen ist. Der geistige Teil besteht zwar noch fort, *allein die irren gar sehr*, die wie Plato glauben, daß die Trennung vom Leibe für ihn eine Förderung und gleichsam eine Befreiung aus drückendem Gefängnisse sei; muß ja doch die Seele nunmehr auf alle die zahlreichen Dienste verzichten, welche die Kräfte des Leibes ihr geleistet haben.»* – Über die Auffassung des Aristoteles vom Wesen der Seele war Brentano in einen außerordentlich interessanten Streit mit dem Philosophen Eduard Zeller gekommen. Dieser behauptete, die Meinung des Aristoteles gehe dahin, eine Präexistenz der Seele vor ihrer Verbindung mit der Leibesorganisation anzunehmen, während Brentano dem Aristoteles eine solche Ansicht absprach, und ihn nur denken ließ, die Seele werde erst in die Leibesorganisation hinein geschaffen; sie habe also keine Präexistenz, wohl aber nach der Auflösung des Leibes eine Postexistenz.** Brentano meinte, eine Präexistenz nehme nur Plato, nicht aber Aristoteles an. Es ist nicht zu leugnen, daß die Gründe, welche Brentano für seine Meinung und

* Vergleiche Brentano: «Psychologie des Aristoteles», Seite 196.
** Über den Inhalt des wissenschaftlichen Streites zwischen Brentano und Zeller vergleiche Brentano: «Offener Brief an Herrn Professor Dr. Eduard Zeller aus Anlaß seiner Schrift über die Lehre des Aristoteles von der Ewigkeit des Geistes» (Leipzig 1883, Duncker und Humblot) und dessen: «Aristoteles' Lehre vom Ursprung des menschlichen Geistes» (Leipzig 1911, Veit und Comp.).

gegen die Zellersche vorbringt, viel Gewicht haben. Abgesehen von der Brentanoschen geistvollen Interpretation entsprechender aristotelischer Behauptungen bietet es ja eine Schwierigkeit, dem Aristoteles die Ansicht von der Präexistenz der Seele zuzuschreiben, weil eine solche einem Grundsatz der aristotelischen Metaphysik zu widersprechen scheint. Aristoteles sagt nämlich, daß niemals eine «Form» vor dem «Stoffe» existieren könne, der die Form trägt. Die Kugelgestalt existiere niemals ohne das sie erfüllende Stoffliche. Da aber Aristoteles das Seelische als die «Form» der Leibesorganisation faßt, so scheint es, daß man ihm nicht zuschreiben dürfe: er habe gedacht, die Seele könne vor der Entstehung der Leibesorganisation existieren.

Brentano hat sich nun mit seinem Seelenbegriff in der aristotelischen Vorstellung von der Unmöglichkeit einer Präexistenz so verfangen, daß er nicht bemerken kann, wie diese aristotelische Vorstellung selbst in einem wichtigen Punkte versagt. Kann man denn wirklich «Form» und «Materie» so denken, daß man nur annimmt: die Form könne nicht vor der sie erfüllenden Materie bestehen? Die Kugelgestalt sei doch nicht vorhanden vor der sie erfüllenden Stoffmasse? So wie sie an der Stoffmasse erscheint, ist die Kugelform gewiß nicht vor der Zusammenballung des Stoffes vorhanden. Allein *bevor* dieser zusammenschießt, sind die Kräfte vorhanden, welche an diesen Stoff herankommen, und deren Ergebnis für ihn sich in seiner Kugelgestalt offenbart. Und in diesen Kräften lebt vor dem Auftreten der Kugelgestalt diese schon gewiß in *andrer* Art.* Hätte Brentano sich nicht durch seine Auslegung

---

* Die Täuschung über eine Berechtigung zu der oben gekennzeichneten Behauptung von Form und Materie kann nur im Hinblick auf die Bildung der naturwissenschaftlichen Vorstellungsart für den Inhalt des Seelenbegriffs durch die Anschauungen über die körperliche Organisation gebunden gefühlt, so hätte er vielleicht bemerkt, daß der aristotelische Seelenbegriff selbst mit einem inneren Widerspruch behaftet ist. So hat er denn an der Betrachtung der Weltanschauung des Aristoteles nur die Möglichkeit gewonnen, über die Seele Vorstellungen zu denken, welche diese aus dem Gebiete der Leibesorganisation heraus heben, ihr aber nicht einen solchen Inhalt zuweisen, der gestattet, daß man sie bei unbefangenem Denken wirklich von der Leibesorganisation unabhängig vorstellen kann.

Neben Aristoteles ist für Brentano auch Leibniz ein Philosoph, dem er besondere Anerkennung zuwendet. Besonders die Art der Leibnizischen Seelenbetrachtung scheint ihn angezogen zu haben. Man kann nun sagen, daß Leibniz auf diesem Gebiete eine Vorstellungsweise hat, welche wie eine wesentliche Erweiterung der Meinung des Aristoteles erscheint. Während dieser den wesenhaften Inhalt des menschlichen Denkens abhängig macht von der Sinnesbeobachtung, löst Leibniz diesen Inhalt von der sinnlichen Grundlage los. Dem Aristoteles folgend wird man den Satz anerkennen: es ist nichts im Denken, was nicht vorher in den Sinnen war (nihil est in intellectu, quod non fuerit in sensu); Leibniz aber ist der Meinung, daß nichts

---

von Kristallen etwa entstehen, weil da die Form unmittelbar aus den der Materie innewohnenden Kräften hervorzugehen scheint. Doch wird ein unbefangenes Denken nicht anders können als die Formkräfte innerhalb des Materiellen vorauszusetzen, *bevor* die geformte Materie wirklich entsteht. Völlig unhaltbar ist die aristotelische Vorstellung aber schon bei der Pflanze, deren *formende* Kräfte man gewiß nicht allein in den Verhältnissen im Keime suchen muß, sondern in Wirksamkeiten von der Außenwelt her, die unbegrenzt lange vor der Bildung der sinnlichen Pflanze vorhanden sind.

im Denken sei, was nicht vorher in den Sinnen war, *außer* das Denken selbst (nihil est in intellectu, quod non fuerit in sensu, nisi ipse intellectus). Es wäre unrichtig, dem Aristoteles die Ansicht zuzuschreiben, daß das im Denken sich betätigende Wesenhafte ein Ergebnis der leiblichen Wirkenskräfte sei. Aber indem er den Nus pathetikos zum leidenden Empfänger der Sinneseindrücke, den Nus poietikos zum Beleuchter dieser Eindrücke machte, blieb innerhalb seiner Philosophie nichts, das *Inhalt* eines von dem Sinnessein unabhängigen Seelenlebens werden könnte. In dieser Beziehung erweist sich der Leibnizsche Satz fruchtbarer. Durch ihn wird die Aufmerksamkeit besonders hingelenkt auf das von der Leibesorganisation unabhängige Seelenwesen. Allerdings wird diese Aufmerksamkeit eingeschränkt auf den bloß intellektiven Teil dieses Wesens. Und insofern ist Leibnizens Satz einseitig. Dennoch ist er eine Richtlinie, die im gegenwärtigen naturwissenschaftlichen Zeitalter zu etwas führen kann, zu dem Leibniz zu gelangen noch nicht möglich war. Dazu waren in seiner Epoche die Vorstellungen über den rein naturgemäßen Ursprung von Eigenschaften der Leibesorganisation noch zu unvollkommen. Gegenwärtig ist dies anders. Man kann heute bis zu einem gewissen Grade naturwissenschaftlich erkennen, wie sich die organischen Leibeskräfte von den Vorfahren vererben, und wie innerhalb dieser vererbten Kräfte des Organismus die Seele wirkt. Was von vielen, die glauben, auf dem rechten «naturwissenschaftlichen Standpunkte» zu stehen, allerdings nicht zugegeben wird, erweist sich doch beim richtigen Erfassen der naturwissenschaftlichen Erkenntnisse als notwendige Ansicht: daß alles, wodurch die Seele im physischen Leben wirkt, bedingt ist durch die Leibeskräfte, die in der physischen Vererbungslinie von den Vorfahren auf die Nachkommen übergehen, *außer* dem Inhalt des Seelischen selbst. So etwa kann man gegenwärtig den Leibnizischen Satz erweitern. Dann aber ist er die anthropologische Rechtfertigung der anthroposophischen Betrachtungsart. Dann verweist er die Seele darauf, ihren wesenhaften Inhalt in einer geistigen Welt zu suchen, und zwar durch eine andere Erkenntnisart als die in der Anthropologie übliche. Denn dieser ist nur zugänglich, was im gewöhnlichen Bewußtsein durch die Leibesorganisation erlebt wird.*

Man kann der Ansicht sein, Brentano hätte alle Vorbedingungen gehabt, um, von Leibniz ausgehend, sich den Blick auf das im Geiste verankerte Wesenhafte der Seele zu eröffnen, und das sich diesem Blick Ergebende durch die naturwissenschaftlichen Erkenntnisse der neueren Zeit zu erkräftigen. Wer seinen Ausführungen folgt, sieht den Weg, der vor ihm gelegen war. Es hätte der Weg zu einem rein geistig erkennbaren Seelenwesen vor ihm offenbar

* Es gibt Denker, welche die Ansicht, daß des Menschen seelischer Wesenskern nicht von den Vorfahren ererbt ist, sondern aus der geistigen Welt kommt, abstoßend finden, weil sie dadurch den Fortpflanzungsvorgang herabgewürdigt sehen. Zu diesen Denkern gehört der Philosoph J. Frohschammer (man vergleiche dessen Schrift «Über den Ursprung der menschlichen Seelen», Seite 98 ff.). Dieser meint, es müsse angenommen werden, daß auch die Seelen der Kinder von den Eltern stammen, da «diese lebendigen Menschen nicht etwa bloße Leiber oder gar Tiere zeugen» (vergleiche Frohschammers Schrift über «Die Philosophie des Thomas von Aquino», Leipzig, Brockhaus 1889, Seite VIII). Von einem aus dieser Meinung kommenden Einwand kann die Anschauung, die in den Ausführungen der vorliegenden Schrift zur Darstellung kommt, nicht betroffen werden. Denn man braucht den Seelenkern, der, aus der geistigen Welt kommend, sich mit dem von den Vorfahren Vererbten verbindet, vor der Empfängnis nicht ohne Beziehung zu den Seelen der Eltern zu denken, wenn man ihn auch nicht *durch* den Fortpflanzungsakt entstehend denkt.

werden können, wenn er ausgebildet hätte, was im Bereiche seiner Aufmerksamkeit lag, als er solche Sätze niederschrieb wie diesen: «Aber wie ist» das «Eingreifen der Gottheit» beim Erscheinen einer menschlichen Seele in einem Leib «zu denken? Hat sie, nachdem sie den geistigen Teil des Menschen von Ewigkeit schöpferisch hervorgebracht hatte, ihn nun mit einem Embryo in der Art verbunden, daß er, der bisher als besondere geistige Substanz für sich bestand, nun aufhörte, ein wirkliches Wesen für sich zu sein, und Teil einer menschlichen Natur wurde, oder hat sie ihn erst jetzt schöpferisch hervorgebracht? – Wenn Aristoteles das erste annahm, so mußte er glauben, daß derselbe Geist wieder und wieder mit anderen und anderen Embryonen verbunden werde; denn das Menschengeschlecht erhält sich nach ihm fortzeugend ins Unendliche, die Menge der von Ewigkeit bestehenden Geister kann aber nur eine endliche sein. Alle Ausleger sind nun darin einig, daß Aristoteles in der reiferen Zeit seines Philosophierens die Palingenese verworfen hat. Also ist diese Möglichkeit ausgeschlossen.»* Was nicht in der Gedankenfolge des Aristoteles liegt, die Rechtfertigung des geistigen Blickes auf die wiederholten Leben der Menschenseele durch Palingenese: für Brentano hätte es sich ergeben können aus der Verbindung der an Aristoteles verfeinerten Begriffe über die Seele mit den Erkenntnissen der neueren Naturwissenschaft. – Er hätte diesen Weg um so mehr gehen können, als er empfänglichen Sinn hatte für die Erkenntnislehre der mittelalterlichen Philosophie. Wer diese Erkenntnislehre wirklich erfaßt, der eignet sich eine Sum-

---

* Vergleiche Brentano: «Aristoteles und seine Weltanschauung» (1911), Seite 134.

me von Ideen an, die geeignet sind, die neueren naturwissenschaftlichen Ergebnisse zur geistigen Welt in eine Beziehung zu setzen, welche durch die Ideen der rein naturwissenschaftlich-anthropologischen Forschung nicht zu durchschauen ist. Was eine Vorstellungsart wie diejenige des Thomas von Aquino für die Vertiefung der Naturwissenschaft nach der geistigen Seite zu leisten vermag, das wird gegenwärtig in vielen Kreisen ganz verkannt. Man glaubt in solchen Kreisen, die neueren naturwissenschaftlichen Erkenntnisse bedingten eine Abkehr von dieser Vorstellungsart. Die Wahrheit ist, daß man zunächst das naturwissenschaftlich erkannte Wesenhafte der Welt mit Gedanken umspannen will, welche bei genauerem Zusehen in sich unvollendet bleiben. Ihre Vollendung wäre, sie selbst als ein solches Wesenhaftes in der Seele zu denken, wie sie in der Vorstellungsart des Thomas von Aquino gedacht werden. Brentano befand sich auch auf dem Wege, ein rechtes Verhältnis zu dieser Vorstellungsart zu gewinnen. Schreibt er doch: «Als ich meine Abhandlung ‹Von der mannigfachen Bedeutung des Seienden nach Aristoteles› und später meine ‹Psychologie des Aristoteles› schrieb, wollte ich in einer zweifachen Weise das Verständnis seiner Lehre fördern; einmal und vorzüglich direkt durch Aufhellung einiger der wichtigsten Lehrpunkte, dann indirekt, aber in allgemeinerer Weise, indem ich der Erklärung neue Hilfsquellen eröffnete. Ich machte auf die scharfsinnigen Kommentare des Thomas von Aquino aufmerksam und zeigte, wie man in ihnen manche Lehre richtiger als bei späteren Erklärern dargestellt findet.»* – Bren-

---

* Vergleiche Brentano: «Aristoteles' Lehre vom Ursprung des menschlichen Geistes» (1911), Seite 1.

tano verlegte sich den Weg, der sich ihm durch solche Studien hätte darbieten können, durch seine Hinneigung zu der Vorstellungsart von Bacon, Locke und allem, was mit solch einer Vorstellungsart philosophisch zusammenhängt. Er hielt diese Vorstellungsart vor allem für die der naturwissenschaftlichen Forschungsweise gemäße.* Doch eben diese Vorstellungsart führt dazu, den Inhalt des Seelenlebens in völliger Abhängigkeit von der Sinneswelt zu denken. Und weil diese Denkweise nur anthropologisch vorgehen will, so kommt nur dasjenige als psychologisches Ergebnis in ihren Bereich, was in Wahrheit keine seelische Wirklichkeit ist, sondern nur ein Spiegelbild dieser Wirklichkeit, nämlich der Inhalt des gewöhnlichen Bewußtseins. – Hätte Brentano die Spiegelbild-Natur des gewöhnlichen Bewußtseins durchschaut: er hätte im Verfolg der anthropologischen Forschung nicht haltmachen können vor dem Tore, das in die Anthroposophie führt. – Es wird gewiß dieser meiner Anschauung gegenüber die Meinung geltend gemacht werden können, Brentano habe eben der Gabe des geistigen Schauens ermangelt; deshalb habe er nicht den Übergang von Anthropologie zur Anthroposophie gesucht, wenn er auch durch seine besondere geistige Eigenart dazu getrieben worden ist, in interessanter Form die Seelenerscheinungen so verstandesgemäß zu charakterisieren, daß sich diese Form durch die Anthroposophie rechtfertigen läßt. Ich habe aber diese Meinung nicht. Ich bin nicht der Anschauung, daß geistiges Schauen nur als

---

* Vergleiche unter anderem Brentano: «Die vier Phasen der Philosophie» (1895), Seite 22, und die ganze Haltung seiner Wiener Antrittsrede «Über die Gründe der Entmutigung auf philosophischem Gebiete» (Wien 1874, W. Braumüller).

eine besondere Gabe für Ausnahmepersönlichkeiten erreichbar ist. Ich muß dieses Schauen für eine Fähigkeit der Menschenseele halten, die jeder sich aneignen kann, wenn er die zu ihr führenden seelischen Erlebnisse in sich wachruft. Und Brentanos Natur erscheint mir zu solchem Wach-Rufen ganz besonders geeignet.* Ich halte aber dafür, daß man solches Wach-Rufen durch Theorien, die ihm widerstreben, verhindern kann. Daß man das Schauen nicht aufkommen läßt, wenn man sich in Ideen verstrickt, welche dessen Berechtigung von vorneherein in Frage stellen. Und Brentano hat das Schauen in seiner Seele dadurch nicht aufkommen lassen, daß bei ihm die Ideen, welche es in so schöner Art rechtfertigen, stets unterlagen denen, die es verwerfen, und die befürchten lassen, daß man durch dasselbe in «den labyrinthischen Gängen einer Pseudophilosophie sich verliere».**

*

1895 hat Brentano den Abdruck eines Vortrages erscheinen lassen, den er in der «Literarischen Gesellschaft in Wien» mit Rücksicht auf H. Lorms Buch «Der grundlose Optimismus» gehalten hat.*** Dieser enthält seine Ansicht über «die vier Phasen der Philosophie und ihren augenblicklichen Stand». Brentano vertritt in diesen Ausführungen die Meinung, daß sich der Entwickelungsgang des philosophischen Forschens in einer gewissen Beziehung

* Man vergleiche hierzu das 8. Kapitel der am Ende dieser Schrift gegebenen «Skizzenhaften Erweiterungen des Inhaltes ...»: «8. Ein oft erhobener Einwand gegen die Anthroposophie.»
** Vergleiche oben Seite 79.
*** Brentano: «Die vier Phasen der Philosophie und ihr augenblicklicher Stand» (Stuttgart 1895, J. G. Cottasche Buchhandlung Nachfolger).

vergleichen lasse mit der Geschichte der schönen Künste. «Während andere Wissenschaften, so lange sie überhaupt betrieben werden, einen stetigen Fortschritt aufweisen, der nur einmal durch eine Zeit des Stillstandes unterbrochen wird, zeigt die Philosophie, wie die schöne Kunst, neben den Zeiten aufsteigender Entwickelung Zeiten der Decadence, die oft nicht minder reich, ja reicher an epochemachenden Erscheinungen sind als die Zeiten gesunder Fruchtbarkeit.»* Drei solcher Perioden, die von gesunder Fruchtbarkeit zur Dekadenz fortlaufen, unterscheidet Brentano im verflossenen Entwickelungsgang der Philosophie. Eine jede beginnt damit, daß aus dem reinen philosophischen Staunen über die Rätsel der Welt sich wahrhaft wissenschaftliches Interesse regt, und dieses Interesse eine Erkenntnis aus echtem, reinem Wissenstrieb sucht. Auf diese gesunde Epoche folgt dann eine andere, in der das erste Stadium des Verfalls erscheint. Da tritt das reine wissenschaftliche Interesse zurück, und man sucht nach Gedanken, durch die man das soziale und persönliche Leben regeln und sich in denselben zurechtfinden kann. Die Philosophie will da nicht mehr dem reinen Erkenntnisstreben, sondern den Interessen des Lebens dienen. Ein weiterer Verfall tritt in der dritten Epoche ein. Man wird durch die Unsicherheit der Gedanken, die einem nicht reinen wissenschaftlichen Interesse entsprungen sind, an der Möglichkeit wahrer Erkenntnis irre und verfällt in Skeptizismus. Die vierte Epoche ist dann diejenige des völligen Niederganges. Der Zweifel der dritten Epoche hat alle wissenschaftliche Grundlage der Philosophie unterhöhlt. Man sucht aus unwissenschaftlichen Untergründen in

* Vergleiche «Vier Phasen», Seite 9.

phantastischen, verschwimmenden Begriffen, durch mystisches Erleben zur Wahrheit zu kommen. Den ersten Entwickelungskreis denkt sich Brentano mit der griechischen Naturphilosophie beginnend; und mit Aristoteles, meint er, schließe die gesunde Phase ab. Anaxagoras schätzt er innerhalb dieser Phase besonders hoch ein. Er ist der Ansicht, daß, trotzdem in dieser Zeit die Griechen in bezug auf viele wissenschaftliche Fragen, ganz im Anfange standen, die Art ihres Forschens doch einen solchen Charakter hatte, der vor einer strengen naturwissenschaftlichen Denkungsart seine Rechtfertigung findet. Auf diese erste Phase folgen die Stoiker, die Epikuräer. Sie bringen schon einen Verfall. Sie wollen Ideen, die im Dienste des Lebens stehen. In der Neueren Akademie, besonders aber durch Aenesidemus, Agrippa, Sextus Empirikus sieht man den Skeptizismus allen Glauben an sichergestellte wissenschaftliche Wahrheiten austilgen. Und im Neuplatonismus, bei Ammonius Sakkas, Plotin, Porphyrius, Jamblichus, Proklus tritt an die Stelle des wissenschaftlichen Forschens das in den labyrinthischen Gängen einer Pseudophilosophie sich ergehende mystische Erleben. – Im Mittelalter sieht man, wenn auch vielleicht nicht mit solcher Deutlichkeit, diese vier Phasen sich wiederholen. Mit Thomas von Aquino hebt eine philosophisch gesunde Vorstellungsart an, die den Aristotelismus in einer neuen Form aufleben läßt. In der darauf folgenden Zeit, deren Repräsentant Duns Scotus ist, herrscht durch eine ins Ungeheuerliche getriebene Disputierkunst, eine Art Analogon zur ersten griechischen Verfallsperiode. Auf sie folgt der Nominalismus, der einen skeptischen Charakter trägt. Wilhelm von Occam verwirft die Ansicht, daß sich die allgemeinen

Ideen auf etwas Wirkliches beziehen, und gibt dadurch dem Inhalte der menschlichen Wahrheit nur den Wert einer außer der Wirklichkeit stehenden begrifflichen Zusammenfassung; während die Wirklichkeit nur in den individuellen Einzeldingen liegen soll. Dieses Analogon der Skepsis wird abgelöst durch die nicht in wissenschaftlichen Bahnen strebende Mystik der Eckhardt, Tauler, Heinrich Suso, des Verfassers der Deutschen Theologie und anderer. Dies sind die vier Phasen der philosophischen Entwickelung im Mittelalter. – In der Neuzeit beginnt mit Bacon von Verulam wieder eine gesunde, auf naturwissenschaftlichem Denken ruhende Entwickelung, in welcher dann Descartes, Locke, Leibniz fruchtbringend weiter wirken. Auf sie folgt die französische und englische Aufklärungsphilosophie, in denen Grundsätze, wie man sie für das Leben sympathisch fand, die Haltung des philosophischen Gedankenganges beherrschten. Darauf tritt mit David Hume die Skepsis ein; und auf sie folgt die Phase des Niedergangs, die in England mit Thomas Reid, in Deutschland mit Kant einsetzt. Brentano betrachtet an Kants Philosophie eine Seite, die ihm gestattet, diese zusammenzubringen mit der Plotinschen Verfallsperiode der griechischen Philosophie. Er tadelt an Kant, daß dieser nicht wie ein wissenschaftlicher Forscher die Wahrheit in einer Übereinstimmung der Vorstellungen mit den wirklichen Gegenständen suche, sondern vielmehr darin, daß sich die Gegenstände nach dem menschlichen Vorstellungsvermögen richten sollen. Damit glaubt Brentano der Kantschen Philosophie eine Art mystischen Grundzuges zuschreiben zu müssen, der sich dann in der Verfallsphilosophie Fichtes, Schellings und Hegels in völliger Unwissenschaftlichkeit offenbart. – Einen neuen Aufschwung der Philosophie erhofft Brentano von einer wissenschaftlichen Arbeit innerhalb ihres Gebietes nach dem Muster der in der neueren Zeit herrschend gewordenen naturwissenschaftlichen Denkungsart. Zur Einleitung einer solchen Philosophie hat er seine These aufgestellt: die wahre philosophische Forschungsart sei keine andere als die in der naturwissenschaftlichen Erkenntnisart anerkannte.* Ihr wollte er seine Lebensarbeit widmen.

Brentano sagt in der Vorrede zu dem Abdruck des Vortrages, in dem er diese Ansicht von den «vier Phasen der Philosophie» gegeben hat: diese «seine Auffassung der Geschichte der Philosophie mag manchen als neu befremden; mir selbst steht sie seit Jahren fest und wurde auch seit mehr als zwei Dezennien, wie von mir, so von einigen Schülern den akademischen Vorlesungen über Geschichte der Philsophie zugrunde gelegt. Daß sie Vorurteilen begegnen, und daß diese vielleicht zu mächtig sein werden, um beim ersten Anprall zu weichen, darüber ergebe ich mich keiner Täuschung. Immerhin hoffe ich von den vorgeführten Tatsachen und Erwägungen, daß sie bei dem, welcher denkend folgt, nicht ohne Eindruck bleiben können.»** –

Daß man von diesen Ausführungen Brentanos einen bedeutenden Eindruck empfangen kann, ist durchaus meine Meinung. Insofern sie eine Klassifikation der im Laufe der philosophischen Entwickelung auftretenden Erscheinungen von einem gewissen Gesichtspunkte aus darbieten, beruhen sie auf gut begründeten Einsichten in diesen Entwik-

---

* Vergleiche oben Seite 81 f. dieser Schrift.
** Vergleiche Brentano: «Die vier Phasen der Philosophie ...», Seite 5 f.

kelungsgang. Die vier Phasen der Philosophie bieten Unterschiede, die in der Wirklichkeit begründet sind. – Sobald man aber in eine Betrachtung der in den einzelnen Phasen treibenden Kräfte eintritt, kann man nicht finden, daß Brentano diese Kräfte zutreffend charakterisiert. Sogleich bei seiner Ansicht über die erste Phase der Philosophie des Altertums tritt das zutage. Die Grundzüge der griechischen Philosophie von den jonischen Anfängen bis zu Aristoteles weisen gewiß viele Züge auf, welche Brentano das Recht geben, in ihnen eine naturwissenschaftliche Denkart in seinem Sinne zu sehen. Aber kommt denn diese Denkart wirklich durch dasjenige zustande, was Brentano die naturwissenschaftliche Methode nennt? Sind die Gedanken dieser griechischen Philosophen nicht vielmehr ein Ergebnis dessen, was sie als das Wesen des Menschen und dessen Stellung zum Weltall in der eigenen Seele erlebten?* Wer sich diese Frage sachgemäß beantwortet, wird finden, daß die inneren Impulse für den Gedankengehalt dieser Philosophie gerade im Stoizismus, im Epikuräismus, in der ganzen praktischen Lebensphilosophie der späteren Griechenzeit zum unmittelbaren Ausdruck kamen. Man kann bemerken, wie in den Seelenkräften, welche Brentano in der *zweiten* Phase wirksam findet, der Ausgangspunkt liegt für die erste Phase der Philosophie des Altertums. Diese Kräfte waren

* Im ersten Bande meines Buches «Die Rätsel der Philosophie» habe ich den Versuch gemacht, diese Frage im bejahenden Sinne zu beantworten. Ich bestrebe mich da, zu zeigen, wie die ersten griechischen Philosophen nicht aus der Naturbeobachtung heraus zu ihren Ideen kommen, sondern weil sie die äußere Natur von dem Erlebnisse ihres Seelen-Innern aus beurteilten. Thales sprach davon, daß alles aus dem Wasser stamme, weil er diesen Wasser-Entstehungs-Prozeß als das Wesen des eigenen menschlichen Inneren erlebte. Und so die ihm verwandten Philosophen. Vergleiche meine «Rätsel der Philosophie» [GA 1968], Seite 52 ff.

der sinnlichen und sozialen Erscheinungsform des Weltalls zugewendet und konnten daher in der Phase des Skeptizismus, der zum Zweifel an der unmittelbaren Wirklichkeit dieser Erscheinungsform getrieben wird, und in der folgenden Phase des schauenden Erkennens, das über diese Form hinausgehen muß, nur unvollkommen auftreten. Aus diesem Grunde zeigen sich diese Phasen innerhalb der Philosophie des Altertums als solche des Verfalls. – Und welche Seelenkräfte wirken im philosophischen Entwickelungsgang des Mittelalters? Daß im Thomismus die Höhe dieses Entwickelungsganges liegt in bezug auf diejenigen Verhältnisse, die Brentano ins Auge faßt, wird niemand bezweifeln können, der die in Betracht kommenden Tatsachen wirklich kennt. Aber man kann doch nicht verkennen, daß durch den christlichen Standpunkt des Thomas von Aquino die in der griechischen Lebensphilosophie wirksamen Seelenkräfte nicht mehr bloß aus philosophischen Impulsen heraus wirken, sondern einen überphilosophischen Charakter angenommen haben. Welche Impulse aber wirken bei Thomas von Aquino, insoferne er Philosoph ist? Man braucht keine Neigung für die Schwächen der nominalistischen Philosophen des Mittelalters zu haben; aber man wird doch finden können, daß die im Nominalismus wirkenden Seelenimpulse die subjektive Grundlage bilden auch für den thomistischen Realismus. Wenn Thomas die Allgemeinbegriffe, welche die Erscheinungen der Sinneswahrnehmungen zusammenfassen, als dasjenige erkennt, was sich auf ein geistig Wirkliches bezieht, so gewinnt er die Kraft zu dieser seiner realistischen Vorstellungsart aus dem Gefühl desjenigen heraus, was diese Begriffe abgesehen davon, daß sie sich auf Sinneserscheinungen beziehen, in dem Dasein der Seele selbst bedeuten. Gerade weil Thomas die Allgemeinbegriffe nicht unmittelbar auf die Vorkommnisse des Sinnesdaseins bezog, empfand er, wie in sie eine andere Wirklichkeit hereinleuchtet, und wie sie eigentlich für die Erscheinungen des Sinneslebens nur Zeichen sind. Als dann im Nominalismus dieser Unterton des Thomismus als selbständige Philosophie auftrat, mußte er naturgemäß seine Einseitigkeit offenbaren. Das Gefühl, daß die in der Seele erlebten Begriffe einen ins Geistige gewandten Realismus begründen, mußte schwinden, und das andere vorherrschend werden, daß die Allgemeinbegriffe bloße zusammenfassende Namen sind. Wenn man die Wesenheit des Nominalismus so auffaßt, versteht man auch die ihm vorangehende zweite Phase der mittelalterlichen Philosophie, den Skotismus, als einen Übergang zum Nominalismus. Man wird aber doch nicht umhin können, die ganze Kraft der mittelalterlichen Denkarbeit, *insoferne sie Philosophie ist*, aus der Grundauffassung heraus zu verstehen, die sich in einseitiger Art im Nominalismus gezeigt hat. Dann aber wird man zu der Ansicht kommen, daß die wirklich treibenden Kräfte dieser Philosophie in den Seelenimpulsen liegen, welche man im Sinne der Brentanoschen Klassifikation als der *dritten* Phase angehörig bezeichnen muß. Und in derjenigen Epoche, welche Brentano als die mystische Phase des Mittelalters kennzeichnet, tritt dann auch klar hervor, wie die ihr angehörigen Mystiker, durch die nominalistische Natur des begreifenden Erkennens bewogen, sich nicht an dieses, sondern an andere Seelenkräfte wenden, um zum Kerne der Welterscheinungen vorzudringen. – Verfolgt man nun für die Philosophie der neueren Zeit die Wirksamkeit der treibenden Seelenkräfte an dem Faden der Brentanoschen Klassifikation, so findet man, daß die inneren Wesenszüge dieser Epoche ganz andere sind, als diejenigen, welche von Brentano verzeichnet werden. Die Phase der naturwissenschaftlichen Denkart, welche Brentano durch Bacon von Verulam, Descartes, Locke, Leibniz verwirklicht findet, will sich gewisser ihr eigener Charakterzüge wegen durchaus nicht als rein naturwissenschaftlich im Brentanoschen Sinne denken lassen. Wie soll man dem Grundgedanken Descartes' «Ich denke, also bin ich» rein naturwissenschaftlich beikommen; wie soll man Leibnizens Monadologie, oder dessen «vorbestimmte Harmonie» in die naturwissenschaftliche Vorstellungsart Brentanos hineinbringen? Auch die Brentanosche Auffassung der zweiten Phase, welcher er die französische und englische Aufklärungsphilosophie zuteilt, macht Schwierigkeiten, wenn man bei seinen Vorstellungen stehen bleiben will. Man wird dieser Epoche gewiß den Charakter einer Verfallszeit der Philosophie nicht absprechen wollen; aber man kann sie verstehen aus der Tatsache heraus, daß in ihren Trägern die in der christlichen Lebensanschauung energisch wirksamen außerphilosophischen Seelenimpulse gelähmt waren, so daß ein Verhältnis zu den übersinnlichen Weltkräften philosophisch nicht gefunden werden konnte. Zugleich wirkte die nominalistische Skepsis des Mittelalters noch nach, wodurch verhindert wurde, daß eine Beziehung des seelisch erlebten Erkenntnis-Inhaltes zu einem geistig Wirklichen gesucht wurde. – Und schreitet man dann zu dem neuzeitlichen Skeptizismus und derjenigen Vorstellungsweise fort, die Brentano einer mystischen Phase zueignet, dann verliert man die Möglichkeit, seiner Klassifikation noch zuzustimmen. Gewiß muß man die skeptische Phase mit David Hume beginnen lassen. Aber

Kant, den Kritiker, als Mystiker kennzeichnen, erweist sich denn doch als stark einseitige Charakteristik. Und die Philosophien Fichtes, Schellings, Hegels und anderer Denker der auf Kant folgenden Zeit lassen sich nicht als mystische fassen, besonders, wenn man den Brentanoschen Begriff der Mystik zugrunde legt. Man wird vielmehr gerade im Sinne der Brentanoschen Klassifikation von David Hume über Kant, bis zu Hegel einen gemeinsamen Grundzug finden. Dieser besteht in der Ablehnung, auf Grund derjenigen Vorstellungen, die aus der Sinneswelt gewonnen sind, das philosophische Weltbild einer wahren Wirklichkeit zu zeichnen. So paradox es scheint, Hegel einen Skeptiker zu nennen: er ist es doch in dem Sinne, daß er den Vorstellungen, welche der Natur entnommen sind, keinen unmittelbaren Wirklichkeitswert zuschreibt. Man weicht von dem Brentanoschen Begriff des Skeptizismus nicht ab, wenn man die Entwickelung der Philosophie von Hume bis Hegel als die Phase des neuzeitlichen Skeptizismus auffaßt. Die vierte neuzeitliche Phase kann man erst nach Hegel beginnen lassen. Was in ihr als naturwissenschaftliche Vorstellungsart auftritt, wird aber Brentano sicherlich nicht in die Nähe des Mystizismus bringen wollen. Doch man fasse ins Auge, in welcher Art Brentano selbst sich mit seinem Philosophieren in diese Epoche hineinstellen will. Mit einer kaum zu überbietenden Energie fordert er für die Philosophie eine naturwissenschaftliche Methode. In seiner psychologischen Forschung strebt er die Innehaltung dieser Methode an. Und was er zutage fördert, ist eine Rechtfertigung der Anthroposophie. Was als Fortsetzung seines anthropologischen Strebens auftreten müßte, wenn er im Sinne des von ihm Vorgestellten weiter schritte, wäre Anthroposophie. Allerdings eine Anthroposophie, welche mit der naturwissenschaftlichen Denkungsart in voller Harmonie steht. – Ist nicht Brentanos Lebensarbeit selbst der vollgültigste Beweis dafür, daß die vierte Phase der neuzeitlichen Philosophie ihre Impulse aus denjenigen Seelenkräften ziehen muß, welche der Neuplatonismus ebenso wie die Mystik des Mittelalters betätigen *wollten*, aber nicht *konnten*, weil sie mit dem inneren Seelenwirken nicht bis zu einem solchen Erleben der geistigen Wirklichkeit zu kommen vermochten, das in völliger bewußter Klarheit des Denkens (oder der Begriffe) sich vollzieht? Wie die griechische Philosophie ihre Kraft aus den Seelenimpulsen schöpfte, welche Brentano in der zweiten philosophischen Phase sich verwirklichen sieht, aus der praktischen Lebensphilosophie; wie die mittelalterliche Philosophie den Impulsen der dritten Phase, dem Skeptizismus ihre Stärke verdankt; so muß die neuzeitliche Philosophie ihre Impulse aus den Grund-Kräften der *vierten* Phase holen, aus dem erkennenden Schauen. Darf also Brentano in dem Neuplatonismus und in der mittelalterlichen Mystik Verfallsphilosophien in Gemäßheit seiner Vorstellungsart annehmen, so könnte man in der die Anthropologie ergänzenden Anthroposophie die fruchtbare Phase der neueren Philosophie anerkennen, wenn man dieses Philosophen eigene Ideen über Philosophie-Entwickelung zu den Konsequenzen führt, die er nicht selbst gezogen hat, die aber ganz ungezwungen sich aus ihnen ergeben.

*

In dem gekennzeichneten Verhältnis Brentanos zu den Erkenntnis-Forderungen der Gegenwart ist es wohl gelegen, daß man beim Lesen seiner Schriften Eindrücke empfängt, welche sich nicht in dem erschöpfen, was der unmittelbare Inhalt der von ihm vorgebrachten Begriffe enthält. Es klingen in dieses Lesen überall Untertöne hinein. Diese kommen aus einem Seelenleben, das hinter den ausgesprochenen Ideen weit zurückliegt. Was Brentano im Geiste des Lesers anregt, ist oft stärker in diesem wirksam, als das von dem Verfasser in scharf umrissenen Vorstellungen Gesagte. Man fühlt sich auch veranlaßt, oftmals zum Lesen einer Brentanoschen Schrift zurückzukehren. Man kann vieles von dem durchdacht haben, was gegenwärtig über das Verhältnis der Philosophie zu andern Erkenntnisvorstellungen gesagt wird; Brentanos Schrift «Über die Zukunft der Philosophie» wird bei solchem Durchdenken fast immer in der Erinnerung auftauchen. Diese Schrift gibt einen Vortrag wieder, den er in der «Philosophischen Gesellschaft» in Wien 1892 gehalten hat, um seine Auffassung über die Zukunft der Philosophie den hierauf bezüglichen Ansichten entgegenzuhalten, welche der Rechtsgelehrte Adolf Exner in einer Inaugurationsrede über «politische Bildung» (1891) vorgebracht hatte.* Der Abdruck des Vortrages ist mit «Anmerkungen» versehen, die weitweisende geschichtliche Ausblicke in den geistigen Entwickelungsgang der Menschheit geben. – In dieser Schrift klingt alles an, was sich dem Betrachter der gegenwärtigen naturwissenschaftlichen Vorstellungsart über die Notwendigkeit ergeben kann, von dieser Vorstellungsart aus zu einer anthroposophischen fortzuschreiten.

* Brentano: «Über die Zukunft der Philosophie». Mit apologetisch-kritischer Berücksichtigung der Inaugurationsrede von Adolf Exner «Über politische Bildung» als Rektor der Wiener Universität (Wien, Alfred Hölder, 1893).

Die Träger dieser naturwissenschaftlichen Vorstellungsart leben zumeist in dem Glauben, daß sie ihnen von dem wirklichen Sein der Dinge selbst aufgedrängt ist. Sie sind der Meinung, daß sie ihre Erkenntnisse so einrichten, wie die Wirklichkeit sich offenbart. Doch dieser Glaube ist eine Täuschung. Die Wahrheit ist, daß in der neueren Zeit die menschliche Seele aus ihrer eigenen, im Laufe der Jahrtausende tätigen Entwickelung heraus Bedürfnisse nach solchen Vorstellungen entfaltet hat, welche das naturwissenschaftliche Weltbild ausmachen. Helmholtz, Weisman, Huxley und andere sind zu ihren Vorstellungen nicht deshalb gekommen, weil die Wirklichkeit ihnen diese als die absolute Wahrheit gegeben hat, sondern weil sie in sich diese Vorstellungen bilden mußten, um durch sie auf die ihnen entgegentretende Wirklichkeit ein gewisses Licht zu werfen. Man formt sich ein mathematisches oder mechanisches Weltbild nicht, weil eine außerseelische Wirklichkeit dazu zwingt, sondern weil man in seiner Seele die mathematischen und mechanischen Vorstellungen ausgebildet und sich dadurch eine innere Beleuchtungsquelle für das eröffnet hat, was in der Außenwelt auf mathematische und mechanische Art sich offenbart. – Obgleich nun im allgemeinen das eben Gekennzeichnete für jede Entwickelungsstufe der menschlichen Seele gilt: es erscheint an den neueren naturwissenschaftlichen Vorstellungen noch auf eine besondere Weise. Diese Vorstellungen vernichten, wenn sie folgerecht von einer Seite durchdacht werden, die Begriffe über das Seelische. An dem durchaus nicht unerheblichen aber höchst fragwürdigen Begriffe einer «Seelenlehre ohne Seele», der nicht von philosophischen Dilettanten allein, sondern von sehr ernsten Denkern gebildet worden ist, zeigt sich dieses.* Solche Vorstellungen bringen dazu, die Erscheinungen des gewöhnlichen Bewußtseins in ihrer Abhängigkeit von der Leibesorganisation immer mehr zu durchschauen. Wird damit nicht zugleich erkannt, daß in dem, was in dieser Art als Seelisches auftritt, *nicht* dieses selbst, sondern nur dessen Spiegelbild sich offenbart, dann entwindet sich der Betrachtung die wirkliche Idee des Seelischen, und die Schein-Idee tritt auf, die in dem Seelischen nur sieht, was Ergebnis der Leibesorganisation ist. Nun läßt sich andrerseits für das unbefangene Denken die letztere Ansicht aber doch nicht halten. Die Ideen, welche die Naturwissenschaft über die Natur bildet, erweisen vor diesem unbefangenen Denken ihren seelischen Zusammenhang mit einer hinter der Natur liegenden Wirklichkeit, der in diesen Ideen selbst sich *nicht* offenbart. Keine anthropologische Betrachtungsart kann von sich aus zu erschöpfenden Vorstellungen über diesen Zusammenhang kommen. Denn er tritt nicht in das gewöhnliche Bewußtsein herein. – Diese Tatsache tritt bei den gegenwärtigen naturwissenschaftlichen Vorstellungen stärker zutage als bei geschichtlich vergangenen Erkenntnisstufen. Die letzteren bildeten bei der Beobachtung der Außenwelt noch Begriffe, welche in ihren Inhalt etwas von der geistigen Unterlage dieser Außenwelt hereinnahmen. Und die Seele fühlte sich in ihrer eigenen Geistigkeit mit dem Geiste der Außenwelt als in einer Einheit. Die neuere Naturwissenschaft muß, ihrem Wesen nach, die Natur eben rein naturgemäß denken. Da-

---

* Auch diese Vorstellung «Seelenlehre ohne Seele» gehört in den Bereich der in dieser Schrift gekennzeichneten Rätsel an den «Grenzorten des Erkennens»; und wird sie nicht so durchlebt, daß sie als Ausgangspunkt für das schauende Bewußtsein genommen wird, so vermauert sie den Zugang zu dem wahren Seelen-Erkennen, statt einen Weg zu ihm zu zeigen.

durch gewinnt sie die Möglichkeit, wohl den *Inhalt* ihrer Ideen durch die Naturbeobachtung zu rechtfertigen, nicht aber das *Dasein* dieser Ideen, als inneres Seelisch-Wesenhaftes, selbst. – Aus diesem Grunde ist gerade die echt naturwissenschaftliche Vorstellungsart ohne allen Boden, wenn sie ihr eigenes Dasein nicht rechtfertigen kann durch eine anthroposophische Beobachtung. *Mit* Anthroposophie kann man in uneingeschränkter Art sich zu der naturwissenschaftlichen Vorstellungsweise bekennen; *ohne* Anthroposophie wird man immer aufs neue den vergeblichen Versuch machen wollen, aus naturwissenschaftlichen Beobachtungsergebnissen heraus selbst den Geist zu entdecken. Die naturwissenschaftlichen Ideen der neueren Zeit sind eben Erzeugnisse des Zusammenlebens der Seele mit einer geistigen Welt; aber *wissen* kann die Seele von diesem Zusammenleben nur in lebendiger Geistbetrachtung.*

Man könnte leicht auf die Frage kommen: Warum sucht denn die Seele naturwissenschaftliche Vorstellungen auszubilden, wenn sie sich dadurch geradezu einen Inhalt schafft, der sie von ihrer Geist-Grundlage abschneidet? Vom Standpunkte einer solchen Meinung, welche die naturwissenschaftlichen Vorstellungen deshalb gebildet glaubt, weil die Welt nun einmal ihnen gemäß sich offenbart, läßt sich auf diese Frage keine Antwort finden. Wohl aber ergibt sich eine solche, wenn man auf die Bedürfnisse des seelischen Le-

---

* Wohin eine echte naturwissenschaftliche Betrachtungsart kommt, das zeigt in einleuchtender Art das in vielen Beziehungen hervorragende Buch *Oscar Hertwigs:* «Das Werden der Organismen, Widerlegung von Darwins Zufallstheorie» (Jena 1916). Gerade wenn eine Arbeit, wie die dieser Schrift zugrund liegende, in so mustergiltiger Art naturwissenschaftlich-methodisch gehalten ist, führt sie zu unzähligen Seelen-Erlebnissen an den «Grenzorten des Erkennens».

bens selbst sieht. Mit Vorstellungen, wie sie eine vornaturwissenschaftliche Zeit allein ausgebildet hat, könnte das seelische Erleben niemals zum vollen Bewußtsein seiner selbst gelangen. Es würde zwar in den Natur-Ideen, die Geistiges mitenthalten, einen unbestimmten Zusammenhang mit dem Geiste erfühlen, nicht aber des Geistes volle, unabhängige Eigenart erleben können. Es strebt daher das Seelische im Entwickelungsgang der Menschheit nach der Aufstellung solcher Ideen, welche dieses Seelische selbst nicht enthalten, um an ihnen, *sich selbst* unabhängig vom Naturdasein zu wissen. Der Zusammenhang mit dem Geiste muß aber dann nicht durch diese Natur-Ideen, sondern durch geistiges Schauen erkennend gesucht werden. Die Ausbildung der neueren Naturwissenschaft ist eine notwendige Stufe im Seelen-Entwickelungsgange der Menschheit. Man erkennt ihre Grundlage, wenn man einsieht, wie die Seele ihrer bedarf, um sich selbst zu finden. Man erkennt auf der andern Seite ihre erkenntnistheoretische Tragweite, wenn man durchschaut, wie gerade sie das geistige Schauen zu einer Notwendigkeit macht.*

Adolf Exner, gegen dessen Meinung Brentanos Schrift «Die Zukunft der Philosophie» gerichtet ist, stand einer Naturwissenschaft gegenüber, welche zwar die Natur-Ideen rein ausbilden will, die aber nicht bereit ist, zur Anthroposophie fortzuschreiten, wenn es sich um die Erfassung der seelischen Wirklichkeit handelt. Er fand die «naturwissenschaftliche Bildung» unfruchtbar für die Ausgestaltung der

---

* Das oben Ausgesprochene findet man im einzelnen dargestellt in meinem Buche: «Die Rätsel der Philosophie.» Zu zeigen, wie das naturwissenschaftliche Erkennen im Seelenfortschritt der Menschheit seine Kraft bewährt, bildet einen der Grundgedanken dieses Buches.

Ideen, die im gesellschaftlichen Zusammenleben der Menschen wirken müssen. Er fordert daher eine Denkungsart für die Lösung der dem kommenden Zeitalter bevorstehenden Fragen des Gesellschaftslebens, die nicht auf naturwissenschaftlicher Grundlage ruht. Er findet, daß die großen juristischen Fragen, welchen das Römertum gegenüberstand, von diesem gerade deshalb so fruchtbringend gelöst worden sind, weil die Römer für naturwissenschaftliche Vorstellungsart wenig Begabung hatten. Und er versucht, zu zeigen, daß das achtzehnte Jahrhundert trotz seiner Neigung zu naturwissenschaftlicher Denkungsart sich der Bezwingung der Gesellschaftsfragen wenig gewachsen gezeigt hat. Exner richtet seinen Blick auf eine naturwissenschaftliche Vorstellungsart, die nicht um ihre eigenen Grundlagen wissenschaftlich bemüht ist. Man kann verstehen, daß er einer solchen gegenüber zu seinen Ansichten gekommen ist. Denn *sie* muß ihre Ideen so ausgestalten, daß diese das Naturgemäße in seiner Reinheit vor die Seele führen. Aus *ihnen* läßt sich kein Impuls für Gedanken gewinnen, die im Gesellschaftsleben fruchtbar sind. Denn innerhalb dieses Lebens stehen Seelen den Seelen als solchen gegenüber. Ein solcher Impuls kann sich nur ergeben, wenn das Seelische in seiner geistigen Art durch erkennendes Schauen erlebt wird, wenn die naturwissenschaftlich-anthropologische Betrachtung in der anthroposophischen ihre Ergänzung findet. – Brentano trug in seiner Seele Ideen, die durchaus in das anthroposophische Gebiet münden, trotzdem er nur im Anthropologischen bleiben wollte. Deshalb sind seine Ausführungen gegen Exner von durchschlagender Kraft, auch wenn Brentano den Übergang zur Anthroposophie nicht selbst machen will. Sie zeigen, wie

Exner gar nicht von dem spricht, was eine sich selbst verstehende naturwissenschaftliche Vorstellungsart wirklich vermag, sondern wie er einen Windmühlenkampf führt gegen eine sich selbst mißverstehende Denkart. Man kann Brentanos Schrift lesen und überall durchfühlen, wie berechtigt alles ist, was durch seine Ideen in diese oder jene Richtung weist, ohne daß man findet, er spreche restlos aus, worauf er verweist.

Mit Franz Brentano ist eine Persönlichkeit hinweggegangen, welche in ihrem Werke zu erleben einen unermeßlichen Gewinn bedeutet. Dieser Gewinn ist völlig unabhängig von dem Grade der verstandesgemäßen Übereinstimmung, die man diesem Werke entgegenbringen kann. Denn er entspringt aus den Offenbarungen einer Menschenseele, die viel tiefer in der Welt-Wirklichkeit ihren Ursprung haben, als die Sphäre ist, in welcher im gewöhnlichen Leben sich Verstandes-Übereinstimmungen finden. Und Brentano ist eine Persönlichkeit, bestimmt fortzuwirken im geistigen Entwickelungsgang der Menschheit, durch Impulse, die sich nicht in der Fortführung der von ihm entwickelten Ideen erschöpfen. Ich kann mir gut vorstellen, wie jemand durchaus nicht mit dem einverstanden ist, was ich über Brentanos Verhältnis zur Anthroposophie hier ausgeführt habe; daß man aber, auf welchem wissenschaftlichen Standpunkte man auch stehe, zu weniger verehrenden *Empfindungen* dem Werte von Brentanos Persönlichkeit gegenüber kommen kann als die sind, welche den Absichten meiner Ausführungen zugrunde liegen, scheint mir unmöglich, wenn man den philosophischen Geist auf sich wirken läßt, der durch die Schriften dieses Mannes weht.

IV

SKIZZENHAFTE ERWEITERUNGEN DES INHALTES DIESER SCHRIFT

1. Die philosophische Rechtfertigung der Anthroposophie

Zu Seite 19, Anmerkung zu Zeile 6 von oben

Wer mit seiner Vorstellungsart in dem philosophischen Denken der Gegenwart wurzeln will, der hat nötig, erkenntnistheoretisch das Wesenhaft-Seelische, von dem der erste Abschnitt dieser Schrift spricht, vor sich selbst und vor diesem Denken zu rechtfertigen. Nach einer solchen Rechtfertigung verlangen viele Menschen nicht, die das wirklich Seelische aus unmittelbarem innerem Erleben kennen und es zu unterscheiden wissen von dem durch die Sinne bewirkten seelischen Erfahren. Diesen erscheint die Rechtfertigung oftmals als unnötige, ja unbequeme Begriffsspalterei. Ihrer so gearteten Abneigung steht der Unwille der philosophisch Denkenden gegenüber. Sie wollen die inneren Erlebnisse des Seelischen nur als subjektive Erfahrungen gelten lassen, denen ein Erkenntniswert nicht zuzuschreiben ist. Sie sind daher wenig geneigt, im Bereiche ihrer philosophischen Begriffe die Elemente aufzusuchen, durch die man an die anthroposophischen Ideen herankommt. Durch diese von beiden Seiten kommenden Abneigungen wird eine Verständigung außerordentlich erschwert. Sie ist aber notwendig. Denn in unserer Zeit kann einer Vorstellungsart nur dann Erkenntniswert zugeschrieben werden, wenn sie ihre Anschauungen vor eben derselben Kritik zur Geltung bringen kann, vor welcher die naturwissenschaftlichen Gesetze ihre Rechtfertigung suchen. – Für eine erkenntnistheoretische Rechtfertigung der anthroposophischen Ideen handelt es sich vor allem darum, die Art, wie sie erlebt werden, möglichst genau in Begriffen zu fassen. Man kann dieses in der verschiedensten Weise tun. Es seien hier zwei von diesen Weisen zu schildern versucht. Für die Schilderung der einen sei ausgegangen von der Betrachtung der Erinnerung. Man wird allerdings dabei sogleich an einen mißlichen Punkt der gegenwärtigen philosophischen Wissenschaft getrieben. Denn über das Wesen der Erinnerung herrschen in derselben wenig geklärte Begriffe. Ich werde hier von Vorstellungen ausgehen, die ich zwar auf den Wegen der Anthroposophie gefunden, die aber durchaus philosophisch und physiologisch zu begründen sind. Der Raum, den ich mir in dieser Schrift zumessen muß, reicht allerdings nicht aus, diese letztere Begründung hier zu geben. Ich hoffe sie in einer zukünftig erscheinenden Schrift zu liefern. Ich meine aber, was ich über die Erinnerung sagen werde, kann jeder begründet finden, der auf die heute vorhandenen Ergebnisse der physiologischen und psychologischen Wissenschaft mit richtigem Blicke zu sehen vermag. – Die durch Sinneseindrücke angeregten Vorstellungen treten in den Bereich des unbewußten menschlichen Erlebens. Sie können aus demselben wieder heraufgeholt, erinnert werden. Vorstellungen sind ein rein seelisch Wesenhaftes; ihr Bewußtsein im gewöhnlichen Wachleben ist leiblich bedingt. Auch kann sie die an den Leib gebundene Seele nicht durch ihre eigenen Kräfte aus dem unbewußten Zustande in den bewußten heraufheben. Sie bedarf dazu der Kräfte des Leibes. Für die gewöhnliche Erinnerung muß der Leib tätig sein, geradeso wie er für die Entstehung der Sinnesvorstellungen in den Vorgängen der Sinnesorgane tätig sein muß. Stelle ich einen Sinnesvorgang vor, so muß sich zuerst eine leibliche Tätigkeit in den Sinnesorganen entwickeln; in der Seele tritt als deren Ergebnis die Vorstellung auf. Erinnere ich eine Vorstellung, so muß eine der Sinnestätigkeit polar entgegengesetzte innere Leibestätigkeit (in feinen Organen) stattfinden, und in der Seele tritt als Ergebnis die erinnerte Vorstellung auf. Diese Vorstellung bezieht sich auf einen Sinnesvorgang, der vor Zeiten vor meiner Seele gestanden hat. Ich stelle ihn vor durch ein inneres Erlebnis, zu dem mich die Leibesorganisation befähigt. Man vergegenwärtige sich nun das Wesen einer solchen Erinnerungsvorstellung. Denn man kommt durch diese Vergegenwärtigung auf das Wesen dessen, was die anthroposophischen Ideen sind. Sie sind keine Erinnerungsvorstellungen; aber sie treten in der Seele so auf *wie* Erinnerungsvorstellungen. Dies ist für viele Menschen, die sich gerne in einer gröberen Art Vorstellungen über die geistige Welt verschaffen möchten, eine Enttäuschung. Aber man kann die geistige Welt auf keine derbere Weise erleben als in der Erinnerung ein in der Sinneswelt vor Zeiten erfahrenes, nicht mehr vor Augen stehendes Ereignis. Nun aber kommt die Fähigkeit, ein solches Ereignis zu erinnern, aus der Kraft der Leibesorganisation. Diese darf beim Erleben des Wesenhaft-Seelischen nicht mitwirken. Die Seele muß vielmehr in sich selbst die Fähigkeit erwecken, das mit Vorstellungen zu vollbringen, was der Leib mit den Sinnesvorstellungen vollbringt, wenn er deren Erinnerung vermittelt. Solche Vorstellungen, die aus den Tiefen der Seele heraufgeholt werden allein durch die Kraft der Seele, wie aus den Tiefen der Menschennatur durch die Leibesorganisation die Erinnerungsvorstellungen: dies sind Vorstellungen, welche sich auf die geistige Welt beziehen. Sie sind in jeder Seele vorhanden. Was erworben werden muß, um dieses Vorhandensein gewahr zu werden, ist die Kraft, durch rein seelische Betätigung, diese Vorstellungen aus den Seelentiefen heraufzuholen. Wie die erinnerten Sinnesvorstellungen sich auf einen vergangenen Sinnes-Eindruck beziehen, so diese Vorstellungen auf einen nicht in der Sinneswelt vorhandenen Zusammenhang der Seele mit der Geisteswelt. Die Menschenseele steht der geistigen Welt so gegenüber wie der Mensch im allgemeinen einem vergessenen Dasein gegenübersteht; und sie kommt zur Erkenntnis dieser Welt, wenn sie in sich Kräfte zum Erwachen bringt, welche jenen Leibeskräften ähnlich sind, die der Erinnerung dienen. – Es kommt also für die philosophische Rechtfertigung der Ideen vom wahrhaft Seelischen darauf an, das Innenleben so zu erforschen, daß man in demselben eine Betätigung findet, welche rein seelisch ist und doch in gewisser Beziehung gleichartig der beim Erinnern geübten Betätigung. –

Eine zweite Weise, vom rein Seelischen einen Begriff zu bilden, kann die folgende sein. Man kann ins Auge fassen, was durch anthropologische Beobachtung über den wollenden (handelnden) Menschen auszumachen ist. Einem auszuführenden Willensimpuls liegt zunächst die Vorstellung von dem zu Wollenden zugrunde. Diese Vorstellung kann physiologisch in ihrer Bedingtheit von der Leibesorganisation (dem Nervensystem) erkannt werden. An die

Vorstellung gebunden ist ein Gefühlston, ein fühlendes Sympathisieren mit dem Vorgestellten, das bewirkt, daß diese Vorstellung den Impuls für ein Wollen liefert. Dann aber verliert sich das seelische Erleben in die Tiefen, und bewußt tritt erst wieder der Erfolg auf. Der Mensch stellt vor, wie er sich bewegt, um das Vorgestellte auszuführen (Th. Ziehen hat in seiner physiologischen Psychologie besonders klar dieses alles dargestellt). – Man kann nun ersehen, wie das bewußte Vorstellungsleben, wenn ein Willensakt in Frage kommt, in bezug auf das Zwischenglied des *Wollens* aussetzt. Was seelisch im Wollen einer durch den Leib ausgeführten Handlung erlebt wird, tritt nicht in das gewöhnliche bewußte Vorstellen ein. Aber es ist auch einleuchtend, daß sich ein solches Wollen durch eine Tätigkeit des Leibes verwirklicht. Unschwer wird man aber auch erkennen, daß die Seele, indem sie, logischen Gesetzen folgend, durch Verknüpfung von Vorstellungen die Wahrheit sucht, ein Wollen entwickelt. Ein Wollen, das nicht in physiologischen Gesetzen zu umfassen ist. Sonst würde sich eine unlogische Vorstellungsverknüpfung – oder auch nur eine alogische – nicht sondern lassen von einer, die in den Bahnen der logischen Gesetzmäßigkeit verläuft. (Auf dilettantenhaftes Gerede, als ob logische Folgerung nur in einer von der Seele durch Anpassung an die Außenwelt erworbenen Eigenschaft bestünde, braucht man wohl nicht im Ernste Rücksicht zu nehmen.) In diesem Wollen, das rein innerhalb der Seele verläuft, und das zu logisch gegründeten Überzeugungen führt, kann man ein Durchdrungensein der Seele mit einer rein geistigen Tätigkeit sehen. Von dem, was im Wollen nach außen vorgeht, weiß das gewöhnliche Vorstellen so wenig, wie der

Mensch im Schlafe von sich weiß. Von dem logischen Bestimmtsein beim Bilden von Überzeugungen hat er aber auch nicht ein so volles Bewußtsein wie von dem Inhalte der Überzeugungen selbst. Wer innerlich wenn auch nur anthropologisch zu beobachten versteht, der wird über die Anwesenheit des logischen Bestimmtseins im gewöhnlichen Bewußtsein doch einen Begriff bilden können. Er wird erkennen, daß der Mensch von diesem Bestimmtsein so weiß wie er *träumend* weiß. Man kann durchaus die Richtigkeit des Paradoxons behaupten: das gewöhnliche Bewußtsein kennt den Inhalt seiner Überzeugungen; aber es träumt nur von der logischen Gesetzmäßigkeit, die in dem Suchen nach diesen Überzeugungen lebt. Man sieht: im gewöhnlichen Bewußtsein *verschläft* man das Wollen, wenn man durch den Leib ein Wollen nach außen entwickelt; man *verträumt* das Wollen, wenn man im Denken nach Überzeugungen sucht. Doch erkennt man, daß in letzterem Falle dasjenige, wovon man träumt, kein Leibliches sein kann, denn sonst müßten die logischen Gesetze mit den physiologischen zusammenfallen. Faßt man den Begriff des im denkenden Suchen nach der Wahrheit lebenden Wollens, so ist dieser Begriff der eines seelisch Wesenhaften. – Man kann aus den beiden Weisen (neben denen andere möglich sind), erkenntnistheoretisch sich dem Begriffe des Seelisch-Wesenhaften, im Sinne der Anthroposophie, zu nähern, ersehen, wie scharf dieses Seelisch-Wesenhafte sich absondert von allem, was abnorme Seelentätigkeit ist, wie das visionäre, halluzinatorische, mediale usw. Wesen. Denn von all diesem Abnormen muß der Ursprung im physiologisch Bestimmbaren gesucht werden. Das Seelische der Anthroposophie ist aber nicht nur ein solches, das seelisch nach Art des gewöhnlichen gesunden Bewußtseins erlebt wird, sondern ein solches, an dem in voller wacher Bewußtheit beim Vorstellung-Bilden *so* erlebt wird, wie man erlebt, wenn man sich an erfahrene Tatsachen des Lebens erinnert, oder wie man erlebt beim logisch bedingten Bilden von Überzeugungen. Man sieht wohl, daß das erkennende Erleben der Anthroposophie in Vorstellungen verläuft, welche den Charakter des gewöhnlichen von der Außenwelt mit der Wirklichkeit begabten Bewußtseins beibehalten, und zu diesem Fähigkeiten hinzufügen, die in das Geistgebiet hineinführen; während alles Visionäre, Halluzinatorische usw. in einem Bewußtsein lebt, das zu dem gewöhnlichen nichts hinzufügt, sondern von ihm Fähigkeiten wegnimmt, so daß der Bewußtseinsstatus unter den Grad heruntersinkt, der in dem bewußten Sinneswahrnehmen vorhanden ist. Für die Leser meiner Schriften, welche dasjenige kennen, was ich an andern Orten über das Gedächtnis und die Erinnerung ausgeführt habe, bemerke ich das Folgende. Die in das Unbewußte gegangenen Vorstellungen, welche später erinnert werden, hat man, während sie unbewußt bleiben, als Vorstellungen in dem Gliede der menschlichen Wesenheit zu suchen, das in diesen Schriften als Lebensleib (Ätherleib) bezeichnet wird. Die Tätigkeit aber, durch welche die im Lebensleib verankerten Vorstellungen erinnert werden, gehört dem physischen Leib an. Ich mache diese Bemerkung, damit nicht mancher «schnellfertig mit dem Urteil» einen Widerspruch da konstruiert, wo eine durch die Natur der Sache geforderte Unterscheidung notwendig ist.

2. Das Auftreten der «Erkenntnisgrenzen»

Zu Seite 22, Anmerkung zu Zeile 18 von oben

Bei den Denkern, welche mit voller Kraft nach einem Verhältnis zur wahren Wirklichkeit streben, wie ein solches durch die innere Natur des Menschen gefordert wird, findet man in großer Menge die auf Seite 22 ff. dieser Schrift besprochenen Erkenntnisgrenzen besprochen; und man kann, wenn man die Art dieser Besprechungen ins Auge faßt, sehr wohl bemerken, wie der Anstoß, den echte Denker an solchen «Grenzen» erleben, zu der Richtung von innerer Seelenerfahrung drängt, von welcher im ersten Abschnitt dieser Schrift die Rede ist. Man sehe, wie der geistvolle *Friedrich Theodor Vischer* in dem gehaltvollen Aufsatz (s. S. 77), den er über *Johannes Volkelts* Buch die «Traumphantasie» geschrieben hat, das Erkenntnis-Erlebnis schildert, das er an solch einer Grenze empfand: «Kein Geist, wo kein Nerven-Zentrum, wo kein Gehirn, sagen die Gegner. Kein Nerven-Zentrum, kein Gehirn, sagen wir, wenn es nicht von unten auf unzähligen Stufen vorbereitet wäre; es ist leicht, spöttlich von einem Umrumoren des Geistes in Granit und Kalk zu reden, – nicht schwerer, als es uns wäre, spottweise zu fragen, wie sich das Eiweiß im Gehirn zu Ideen aufschwinge. Der menschlichen Erkenntnis schwindet die Messung der Stufenunterschiede. Es wird Geheimnis bleiben, wie es kommt und zugeht, daß die Natur, unter welcher doch der Geist schlummern muß, als so vollkommener Gegenschlag des Geistes dasteht, daß wir uns Beulen daran stoßen; es ist eine Diremtion von solchem Schein der Absolutheit, daß mit Hegels Anderssein und Außersichsein, so geistreich die Formel, doch so gut wie nichts gesagt, die Schroffheit der scheinbaren Scheidewand einfach verdeckt ist. Die richtige Anerkennung der Schneide und des Stoßes in diesem Gegenschlag findet man bei Fichte, aber keine Erklärung dafür» (vergleiche Friedr. Theodor Vischer: «Altes und Neues», 1881, Erste Abteilung Seite 229f.). Friedrich Theodor Vischer weist scharf auf einen solchen Punkt hin, wie diejenigen sind, auf die auch Anthroposophie verweisen muß. Doch ihm kommt nicht zum Bewußtsein, daß in einem solchen Grenzorte des Erkennens eine andere Form des Erkennens eintreten kann. Er möchte mit derselben Art des Erkennens auch an diesen Grenzen leben, mit der er *vor* denselben auskommt. Anthroposophie versucht zu zeigen, daß Wissenschaft nicht aufhört, wo sich das gewöhnliche Erkennen «Beulen» schlägt, wo dieses «Schneiden» und «Stöße» im Gegenschlag der Wirklichkeit findet; sondern daß die Erlebnisse infolge dieser «Beulen», «Schneiden und Stöße» zur Entwickelung eines andersartigen Erkennens führen, welches den Gegenstoß der Wirklichkeit zur Geistwahrnehmung umbildet, die sich zunächst, auf ihrer ersten Stufe, mit der Tastwahrnehmung des Sinnengebietes vergleichen läßt. – Im dritten Teil von «Altes und Neues» (Seite 224) sagt Friedrich Theodor Vischer: «Gut, eine Seele neben dem Körper gibt es nicht (Vischer meint für den Materialisten); ebendas, was wir Materie nennen, wird also auf der uns bekannten höchsten Stufe seiner Formung, im Gehirn, zu Seele und die Seele entwickelt sich zu Geist. Es gilt, einen Begriff zu vollziehen, der für den trennenden Verstand ein reiner Widerspruch ist.» Gegenüber der Vischerschen Ausführung muß wieder die Anthroposophie sagen: Gut, für den trennenden Verstand liegt ein

Widerspruch vor; aber für die Seele wird der Widerspruch zum Ausgangspunkt eines Erkennens, vor dem der trennende Verstand Halt macht, weil er den «Gegenschlag» der geistigen Wirklichkeit erlebt.

Gideon Spicker, der außer einer Reihe scharfsinniger Schriften auch (1910) das «Philosophische Bekenntnis eines ehemaligen Kapuziners» geschrieben hat, weist mit Worten, die wahrlich eindringlich genug sind, auf einen der Grenzpunkte des gewöhnlichen Erkennens hin (siehe Seite 30 dieses Bekenntnisses): «Zu welcher Philosophie man sich bekenne: ob zur dogmatischen oder skeptischen, empirischen oder transzendentalen, kritischen oder eklektischen: alle ohne Ausnahme gehen von einem unbewiesenen und unbeweisbaren Satz aus, nämlich von der *Notwendigkeit des Denkens*. Hinter diese Notwendigkeit kommt keine Untersuchung, so tief sie auch schürfen mag, jemals zurück. Sie muß unbedingt angenommen werden und läßt sich durch nichts begründen; jeder Versuch, ihre Richtigkeit beweisen zu wollen, setzt sie immer schon voraus. Unter ihr gähnt ein bodenloser Abgrund, eine schauerliche, von keinem Lichtstrahl erhellte Finsternis. Wir wissen also nicht, woher sie kommt, noch auch wohin sie führt. Ob ein gnädiger Gott oder ein böser Dämon sie in die Vernunft gelegt, beides ist ungewiß.» Also auch die Betrachtung des Denkens selbst führt den Denker an einen Grenzort des gewöhnlichen Erkennens. Anthroposophie setzt mit *ihrem* Erkennen an dem Grenzorte ein; sie weiß, vor der Kunst des verstandesmäßigen Denkens steht die Notwendigkeit wie eine undurchdringliche Wand. Für das *erlebte* Denken schwindet die Undurchdringlichkeit der Wand; dieses erlebte Denken findet ein Licht, um die «von keinem Lichtstrahl» des nur verstandmäßigen Denkens «erhellte Finsternis» *schauend* zu erhellen; und der «bodenlose Abgrund» ist ein solcher nur für das Reich des Sinnenseins; wer an *diesem* Abgrund nicht stehen bleibt, sondern das Wagnis unternimmt, mit dem Denken auch dann weiter zu schreiten, wenn dieses ablegen muß, was ihm die Sinneswelt eingefügt hat, der findet in «dem bodenlosen Abgrund» die geistige Wirklichkeit.

Und so könnte fortgefahren werden, ohne absehbares Ende, in der Aufzeigung der Erlebnisse, welche ernste Denker an den «Erkenntnisgrenzen» haben. – Man würde aus solcher Aufzeigung ersehen, daß Anthroposophie als sachgemäßes Ergebnis der Gedanken-Entwickelung der neueren Zeit sich einstellt. Vieles weist auf sie hin, wenn dieses Viele in rechtem Lichte gesehen wird.

3. *Von der Abstraktheit der Begriffe*

Zu Seite 26, Anmerkung zu Zeile 16 von oben

Auf Seite 26 dieser Schrift spreche ich von der «Herablähmung» der Vorstellungen, wenn diese zu Nachbildnern einer sinnenfälligen Wirklichkeit werden. – In dieser «Herablähmung» ist die wirkliche Tatsache zu suchen, die dem Verfahren der Abstraktion im Erkenntnisprozeß zugrunde liegt. Der Mensch bildet sich über die sinnenfällige Wirklichkeit *Begriffe*. Für die Erkenntnistheorie entsteht die Frage, wie sich dasjenige, das der Mensch als Begriff von einem wirklichen Wesen oder Vorgang in seiner Seele zurückbehält, zu diesem wirklichen Wesen oder Vorgang verhält. Hat dasjenige, was ich in mir als den Begriff eines

Wolfes herumtrage, irgend eine Beziehung zu einer Wirklichkeit, oder ist es bloß ein von meiner Seele geformtes Schema, das ich mir gebildet habe, indem ich von demjenigen absehe (abstrahiere), was diesem oder jenem Wolfe eigentümlich ist, dem aber in der Welt des Wirklichen nichts entspricht. Eine ausgedehnte Betrachtung erfuhr diese Frage in dem mittelalterlichen Streite zwischen Nominalisten und Realisten. Für den Nominalisten ist an dem Wolf nur wirklich die an diesem als einzelnem Individuum vorhandenen sichtbaren Stoffe, Fleisch, Blut, Knochen usw. Der Begriff «Wolf» ist «bloß» eine gedankliche Zusammenfassung der verschiedenen Wölfen gemeinsamen Merkmale. Der *Realist* erwidert darauf: irgend ein Stoff, den man am einzelnen Wolf findet, den trifft man auch bei andern Tieren an. Es muß etwas geben, das den Stoff in den lebendigen Zusammenhang hineinordnet, in dem er sich im Wolfe findet. Dieses ordnende Wirkliche ist durch den Begriff gegeben. – Man wird nun zugeben müssen, daß Vincenz Knauer, der hervorragende Kenner des Aristoteles und der mittelalterlichen Philosophie, in seinem Buche «Die Hauptprobleme der Philosophie» (Wien 1892) bei Besprechung der aristotelischen Erkenntnistheorie (Seite 137) etwas Vortreffliches sagt mit den Worten: «Der Wolf zum Beispiel besteht aus keinen andern materiellen Bestandteilen als das Lamm; seine materielle Leiblichkeit baut sich aus assimiliertem Lammfleisch auf; aber der Wolf wird doch kein Lamm, auch wenn er zeitlebens nichts als Lämmer frißt. *Was ihn also zum Wolf macht, das muß selbstverständlich etwas anderes sein als die Hyle, die sinnfällige Materie, und zwar kein bloßes Gedankending muß und kann es sein, obwohl es nur dem Denken, nicht dem Sinne zugängig ist, sondern ein*

Wirkendes, also Wirkliches, ein sehr Reales.» Doch wie will man im Sinne einer bloß anthropologischen Betrachtung der Wirklichkeit beikommen, auf die hiermit gedeutet wird? Was durch die Sinne der Seele vermittelt wird, das ergibt nicht den Begriff «Wolf». Was aber im gewöhnlichen Bewußtsein als dieser Begriff vorliegt, das ist sicher kein «Wirkendes». Aus der Kraft *dieses* Begriffes konnte doch gewiß nicht die Zusammenordnung der im Wolfe vereinigten «sinnfälligen» Materien entstehen. Die Wahrheit ist, daß Anthropologie mit dieser Frage an einem der Grenzorte *ihres* Erkennens ist. Anthroposophie zeigt, daß außer der Beziehung des Menschen zum Wolfe, die im «Sinnfälligen» vorhanden ist, noch eine andere besteht. Diese tritt in ihrer unmittelbaren Eigenart nicht in das gewöhnliche Bewußtsein ein. Aber sie besteht als ein *lebendiger* übersinnlicher Zusammenhang zwischen dem Menschen und dem sinnlich angeschauten Objekte. Das Lebendige, das im Menschen durch diesen Zusammenhang besteht, wird durch seine Verstandesorganisation herabgelähmt zum «Begriff». Die abstrakte Vorstellung ist das zur Vergegenwärtigung im gewöhnlichen Bewußtsein erstorbene Wirkliche, in dem der Mensch zwar lebt bei der Sinneswahrnehmung, das aber in seinem Leben nicht bewußt wird. Die Abstraktheit von Vorstellungen wird bewirkt durch eine innere Notwendigkeit der Seele. Die Wirklichkeit gibt dem Menschen ein Lebendiges. Er ertötet von diesem Lebendigen denjenigen Teil, der in sein gewöhnliches Bewußtsein fällt. Er vollbringt dieses, weil er an der Außenwelt nicht zum Selbstbewußtsein kommen könnte, wenn er den entsprechenden Zusammenhang mit dieser Außenwelt in seiner vollen Lebendigkeit erfahren müßte.

Ohne die Ablähmung dieser vollen Lebendigkeit müßte sich der Mensch als Glied innerhalb einer über seine menschlichen Grenzen hinausreichenden Einheit erkennen; er würde Organ eines größeren Organismus sein. Die Art, wie der Mensch seinen Erkenntnisvorgang nach innen in die Abstraktheit der Begriffe auslaufen läßt, ist *nicht* bedingt durch ein außer ihm liegendes Wirkliches, sondern durch die Entwickelungsbedingungen seines eigenen Wesens, welche erfordern, daß er im Wahrnehmungsprozeß den lebendigen Zusammenhang mit der Außenwelt abdämpft zu diesen abstrakten Begriffen, welche die Grundlage bilden, auf der das Selbstbewußtsein erwächst. Daß dieses so ist, das zeigt sich der Seele nach der Entwickelung ihrer Geistorgane. Durch diese wird der lebendige Zusammenhang (in dem Sinne, wie das Seite 26 dieser Schrift dargestellt ist) mit einer außer dem Menschen liegenden Geist-Wirklichkeit wieder hergestellt; wenn aber das Selbstbewußtsein nicht bereits ein Erworbenes wäre vom gewöhnlichen Bewußtsein her: es könnte im schauenden Bewußtsein nicht ausgebildet werden. Man kann hieraus begreifen, daß das gesunde gewöhnliche Bewußtsein die notwendige Voraussetzung für das schauende Bewußtsein ist. Wer glaubt, ein schauendes Bewußtsein ohne das tätige gesunde gewöhnliche Bewußtsein entwickeln zu können, der irrt gar sehr. Es muß sogar das gewöhnliche normale Bewußtsein in jedem Augenblicke das schauende Bewußtsein begleiten, weil sonst dies letztere Unordnung in die menschliche Selbstbewußtheit und damit in das Verhältnis des Menschen zur Wirklichkeit brächte. Anthroposophie kann es bei ihrer schauenden Erkenntnis nur mit einem solchen Bewußtsein, nicht aber mit irgend einer

Herabstimmung des gewöhnlichen Bewußtseins zu tun haben.

4. *Ein wichtiges Merkmal der Geist-Wahrnehmung*
Zu Seite 29, Anmerkung zu Zeile 14 von oben

Die Wahrnehmungen, welche die Seele im Bereiche der geistigen Wirklichkeit macht, leben in dieser nicht in der gleichen Art fort wie die Vorstellungen, die an sinnlichen Wahrnehmungen gewonnen werden. Obgleich im Sinne des ersten Kapitels dieser «Skizzenhaften Erweiterungen des Inhaltes dieser Schrift» ein Vergleich dieser Wahrnehmungen mit den Erinnerungsvorstellungen möglich ist, so verhalten sich die ersteren in der Seele doch nicht wie die letzteren. Was als geistige Wahrnehmung erlebt wird, kann nämlich in dieser seiner unmittelbaren Gestalt *nicht* wie eine Erinnerungsvorstellung in der Seele behalten werden. Soll man dieselbe geistige Wahrnehmung erneut wieder haben, so muß sie auch *erneut* in der Seele wieder hergestellt werden. Das heißt, es muß die Beziehung der Seele zu der entsprechenden geistigen Wirklichkeit wieder gesucht werden. Und diese Wieder-Erneuerung läßt sich nicht mit einem Erinnern an einen Sinneseindruck vergleichen, sondern nur mit dem Vor-Augen-Führen desselben sinnenfälligen Objektes, das man bei einem früheren Eindruck gehabt hat. Was von der realen geistigen Wahrnehmung unmittelbar in der Erinnerung behalten werden kann, ist nicht diese selbst, sondern die Verrichtung der Seele, durch die man zu der entsprechenden Wahrnehmung gelangt. Strebe ich danach, eine geistige Wahrnehmung, die ich vor einiger Zeit gehabt habe, wieder zu haben, so sollte ich nicht nach der Erinnerung dieser Wahrnehmung suchen, sondern nach *der* Erinnerung, die mir die Vorbereitungen meiner Seele zurückruft, welche mich zu der Wahrnehmung geführt haben. Die Wahrnehmung stellt sich dann durch einen von mir unabhängigen Vorgang ein. Es ist wichtig, vollbewußt sich zu sein dieser Zweiheit des Vorganges, weil man nur dadurch eine richtige Erkenntnis von dem erlangt, was wirklich *geistig objektiv* ist. – In der Praxis ist aber das Wesen dieser Zweiheit dadurch modifiziert, daß der Inhalt des geistigen Wahrnehmens aus dem schauenden Bewußtsein in das gewöhnliche Bewußtsein übertragen werden kann. Dann wird er in dem letztern zu einer abstrakten Vorstellung. Und *diese* kann in der gewöhnlichen Art erinnert werden. – Man kann aber gerade dadurch für ein richtiges bewußtes Verhältnis der Seele zur geistigen Welt viel gewinnen, daß man sich sorgfältig übt für die Erkenntnis der innerhalb des Seelenlebens mit einer gewissen Feinheit auftretenden Unterschiede: 1. Seelenvorgänge, welche zu einer geistigen Wahrnehmung führen; 2. geistige Wahrnehmungen selbst; 3. in Begriffe des gewöhnlichen Bewußtseins umgesetzte geistige Wahrnehmungen.

5. *Über die wirkliche Grundlage der intentionalen Beziehung*

Zu Seite 88, Anmerkung zu Zeile 20 von oben

Mit der in der vorliegenden Schrift (3. Kapitel über *Franz Brentano*) charakterisierten «intentionalen Beziehung» tritt in Brentanos Psychologie ein Seelisches *nur als Tatbestand* des gewöhnlichen Bewußtseins auf, ohne daß dieser Tatbestand weiter in das seelische Erleben erklärend eingegliedert wird. Ich möchte mir nun hier gestatten, über diesen Tatbestand einiges skizzenhaft vorzubringen, das bei mir in durchgearbeiteten Anschauungen nach den verschiedensten Richtungen hin begründet ist. Diese Anschauungen verlangen allerdings, daß sie auch noch in ausführlicherer Gestalt – mit allen Begründungen – gegeben werden. Doch haben mir die Verhältnisse bisher nur möglich gemacht, manches Einschlägige in mündlichen Vorträgen vorzubringen. Was ich hier anführen kann, sind *Ergebnisse* in kurzer skizzenhafter Darstellung. Und ich bitte den Leser, sie vorläufig *als solche* aufzunehmen. Es handelt sich nicht um «Einfälle», sondern um etwas, dessen Begründung mit den wissenschaftlichen Mitteln der Gegenwart von mir in jahrelanger Arbeit versucht worden ist.

Bei demjenigen Seelen-Erleben, das von Franz Brentano als *Urteilen* bezeichnet wird, kommt zu dem bloßen Vorstellen, das in einem inneren Bildgestalten besteht, ein Anerkennen oder Verwerfen der Vorstellungsbilder hinzu. Es entsteht für den Seelenforscher die Frage: was ist im seelischen Erleben dasjenige, wodurch nicht bloß das Vorstellungsbild: «grüner Baum», sondern das Urteil: «es ist ein grüner Baum» zustande kommt? Innerhalb des engeren Kreises des Vorstellungslebens, den man im gewöhnlichen Bewußtsein umschreibt, kann dieses «Etwas» nicht liegen. Daß man es hier nicht finden kann, hat zu denjenigen erkenntnistheoretischen Gedanken geführt, welche ich im zweiten Bande meiner «Rätsel der Philosophie» in dem Abschnitte: «Die Welt als Illusion» dargestellt habe. Es handelt sich dabei um ein Erlebnis, das außerhalb dieses Kreises liegt. Es kommt darauf an, das «Wo» im Bereich der seelischen Erlebnisse zu finden. – Steht der Mensch in wahrnehmender Tätigkeit einem Sinnesobjekt gegenüber, so kann dieses «Etwas» in alledem nicht gefunden werden, was der Mensch in dem Wahrnehmungsvorgange so empfängt, daß dieses Empfangen durch die physiologischen und psychologischen Vorstellungen erfaßt wird, welche sich auf das äußere Objekt einerseits und den unmittelbar in Betracht kommenden Sinn andererseits beziehen. Hat jemand die Seh-Warnehmung «grüner Baum», so kann der Tatbestand des Urteiles «es ist ein grüner Baum» nicht in der physiologisch oder psychologisch unmittelbar aufzeigbaren Beziehung zwischen «Baum» und «Auge» gefunden werden. Was in der Seele als solcher innerer Tatbestand des *Urteilens* erlebt wird, ist eben noch eine andere Beziehung zwischen dem «Menschen» und «dem Baum» als diejenige ist zwischen dem «Baum» und dem «Auge». Doch wird nur die letztere Beziehung in dem gewöhnlichen Bewußtsein mit voller Schärfe erlebt. Die andere Beziehung bleibt in einem dumpfen Unterbewußtsein und tritt nur in dem *Ergebnis* zutage, das in der *Anerkennung* des «grünen Baumes» als eines Seienden liegt. Man hat es bei jeder Wahrnehmung, die auf ein Urteil sich zuspitzt, mit einer *Doppelbeziehung* des Menschen zu der Objektivität zu tun. – Einsicht in diese Doppelbeziehung gewinnt man nur, wenn man die gegenwärtig vorhandene fragmentarische Sinnes-Lehre durch eine vollständige ersetzt. Wer alles in Betracht zieht, was zur Charakteristik eines menschlichen Sinnes in Betracht kommt, der findet, daß man noch anderes «Sinne» nennen muß als was man gewöhnlich so bezeichnet. Was das «Auge» zum «Sinn» macht, ist zum Beispiel auch dann vorhanden, wenn man den Tatbestand erlebt: «es wird ein *anderes* ‹Ich› beobachtet», oder «es wird ein menschlicher Gedanke eines anderen als solcher erkannt». Man macht gegenüber solchen Tatbeständen gewöhnlich den Fehler, daß man eine durchaus berechtigte und notwendige Unterscheidung nicht vollzieht. Man glaubt zum Beispiel, man käme damit aus, wenn man die Worte eines anderen hört, nur insoferne von «Sinn» zu sprechen, daß als solcher nur das «Gehör» in Frage kommt, und alles andere einer nicht-sinnlichen inneren Tätigkeit zuzuschreiben sei. So liegt aber die Sache nicht. Beim Hören menschlicher Worte und deren Verstehen als Gedanken kommt eine dreifache Tätigkeit in Betracht. Und jedes Glied dieser dreifachen Tätigkeit muß für sich betrachtet werden, wenn eine berechtigte wissenschaftliche Auffassung zustande kommen soll. Das «Hören» ist die eine Tätigkeit. Allein das «Hören» ist für sich ebenso wenig ein «Vernehmen von Worten» wie das «Tasten» ein «Sehen» ist. Und wie man sachgemäß unterscheiden muß zwischen dem Sinn des «Tastens» und demjenigen des «Sehens», so zwischen dem des «Hörens» und dem des «Vernehmens von Worten» und dem weiteren des «Erfassens von Gedanken». Es führt zu einer mangelhaften Psychologie und auch zu einer mangelhaften Erkenntnistheorie, wenn man das «Erfassen von Gedanken» nicht scharf von der Denktätigkeit absondert und den sinnes-gemäßen Charakter des ersteren erkennt. Man begeht diesen Fehler nur deshalb, weil das Organ des «Vernehmens von Worten» und dasjenige des «Erfassens von Gedanken» nicht so äußerlich wahrnehmbar sind als das Ohr für das «Hören». In Wirklichkeit sind für die beiden Wahrnehmungstätigkeiten ebenso «Organe» vorhanden, wie für das «Hören» das Ohr. – Führt man durch, was Physiologie und Psychologie bei einer vollständigen Betrachtung in dieser Beziehung ergeben, so gelangt man zur folgenden Anschauung über die menschliche Sinnes-Organisation. Man muß unterscheiden: den Sinn für die «Ich-Wahrnehmung» des andern Menschen; den Sinn für «Gedanken-Erfassung»; den Sinn für «Vernehmen von Worten»; den Gehörsinn; den Wärmesinn; den Sehsinn; den Geschmackssinn; den Geruchssinn; den Gleichgewichtssinn (das wahrnehmende Erleben des sich in einer gewissen Gleichgewichtslage-Befindens gegenüber der Außenwelt); den Bewegungssinn (das wahrnehmende Erleben der Ruhe und Bewegung der eigenen Glieder einerseits, oder des Ruhens oder sich Bewegens gegenüber der Außenwelt andrerseits); den Lebenssinn (das Erleben der Verfassung im Organismus; Gefühl von dem subjektiven Sich-Befinden); den Tastsinn. Alle diese «Sinne» tragen die Merkmale in sich, wegen deren man «Auge» und «Ohr» in Wahrheit «Sinne» nennt. – Wer die Berechtigung einer solchen Unterscheidung nicht anerkennt, der gerät mit seiner Erkenntnis gegenüber der Wirklichkeit in Unordnung. Er verfällt mit seinen Vorstellungen dem Schicksal, daß sie ihn kein wahrhaft Wirkliches erleben lassen. Wer zum Beispiel das «Auge» einen «Sinn» nennt und keinen «Sinn» annimmt für das «Vernehmen von Worten», für den bleibt auch die Vorstellung, die er sich vom «Auge» bildet, ein unwirkliches Gebilde. – Ich bin der Meinung, daß Fritz Mauthner in seiner geistreichen Art – in seinen sprachkritischen Werken – nur deshalb von «Zufallssinnen» spricht, weil er bloß eine fragmentarische Sinnes-Lehre im Auge hat. Wäre dies nicht der Fall, so würde er bemerken, wie der «Sinn» sich in die «Wirklichkeit» hineinstellt. – Nun liegt, wenn der Mensch einem Sinnes-Objekte gegenübersteht, die Sache so, daß er niemals bloß durch *einen* Sinn einen Eindruck erhält, sondern außerdem immer noch durch *wenigstens einen andern* aus der Reihe der oben angeführten. Die Beziehung zu *einem* Sinne tritt mit besonderer Schärfe in das gewöhnliche Bewußtsein; die andere bleibt *dumpfer*. Es besteht aber zwischen den Sinnen der Unterschied, daß eine Anzahl der selben die Beziehung zur Außenwelt mehr als eine äußerliche erleben läßt; die andere mehr als etwas, was mit dem Eigen-Sein in engster Verknüpfung ist. Sinne, die mit dem Eigensein in engster Verknüpfung sich befinden, sind zum Beispiel der Gleichgewichtssinn, der Bewegungssinn, der Lebenssinn, ja auch der Tastsinn. In den Wahrnehmungen solcher Sinne gegenüber der Außenwelt wird stets das eigene Sein dumpf mitempfunden. Ja, man kann sagen, es tritt eine Dumpfheit des bewußten Wahrnehmens eben deshalb ein, weil die Beziehung nach außen von dem Erleben des Eigen-Seins übertönt wird. Ereignet sich zum Beispiel, daß ein Gegenstand *gesehen* wird, und zugleich der Gleichgewichtssinn einen Eindruck vermittelt, so wird scharf wahrgenommen das Gesehene. Dieses Gesehene führt zu der Vorstellung des Gegenstandes. Das Erlebnis durch den Gleichgewichtssinn bleibt als Wahrnehmung dumpf; jedoch es lebt auf in dem Urteile: «das Gesehene ist» oder «es ist das Gesehene». – Im Wirklichen stehen die Dinge nicht in abstrakten Unterschieden nebeneinander, sondern sie gehen mit ihren Merkmalen in einander über. So kommt es, daß in der vollständigen Reihe der «Sinne» solche sind, die weniger die Beziehung zur Außenwelt, sondern mehr das Erleben des Eigen-Seins vermitteln. Diese letzteren tauchen mehr in das innere seelische Leben ein als zum Beispiel Auge und Ohr; dadurch erscheint das Ergebnis ihrer Wahrnehmungs-Vermittelung als inneres seelisches Erlebnis. Aber man sollte auch bei ihnen das eigentlich Seelische von dem Wahrnehmungselemente so unterscheiden, wie man zum Beispiel beim Gesehenen den äußeren Tatbestand von dem an ihm gemachten inneren Seelen-Erlebnisse unterscheidet. – Für denjenigen, der sich auf den anthroposophischen Gesichtspunkt stellt, darf kein Zurückschrecken bestehen vor solchen feinen Vorstellungs-Unterscheidungen, wie sie hier gemacht werden. Er muß das «Vernehmen der Worte» von dem Gehör einerseits, und dieses «Vernehmen der Worte» von dem durch die eigenen Gedanken vermittelten «Verstehen der Worte» so unterscheiden können, wie das gewöhnliche Bewußtsein unterscheidet zwischen einem Baum und einem Felsblock. Würde dies mehr berücksichtigt, so würde man erkennen, daß die Anthroposophie nicht nur die eine Seite hat, welche man gewöhnlich als eine mystische bezeichnet, sondern auch die andere, durch die sie nicht zu einer weniger wissenschaftlichen Forschung führt als die Naturwissenschaft, sondern zu einer mehr wissenschaftlichen, die eine feinere, methodischere Ausarbeitung des Vorstellenslebens nötig macht als selbst die gewöhnliche Philosophie. Ich glaube, daß Wilhelm Dilthey mit seinen philosophischen Forschungen auf dem Wege war zu derjenigen Sinnes-Lehre, die ich hier skizziert habe, daß er aber nicht zu einem Ziele kommen konnte, weil er nicht durchdrang bis zu einer völligen Ausarbeitung der in Frage kommenden Vorstellungen. (Vergleiche auch, was ich darüber im zweiten Bande meiner «Rätsel der Philosophie» gesagt habe, [GA 1968], Seiten 567–572.)

6. Die physischen und die geistigen Abhängigkeiten der Menschen-Wesenheit

Zu Seite 91, Anmerkung zu Zeile 19 von oben

Skizzenhaft möchte ich nun auch darstellen, was sich mir ergeben hat über die Beziehungen des Seelischen zu dem Physisch-Leiblichen. Ich darf wohl sagen, daß ich damit die Ergebnisse einer dreißig Jahre währenden geisteswissenschaftlichen Forschung verzeichne. Erst in den letzten Jahren ist es mir möglich geworden, das in Frage Kommende so in durch Worte ausdrückbare Gedanken zu fassen, daß ich das Erstrebte zu einer Art vorläufigen Abschlusses bringen konnte. Auch davon möchte ich mir gestatten, die *Ergebnisse* hier nur andeutend darzulegen. Ihre Begründung kann durchaus mit den heute vorhandenen wissenschaftlichen Mitteln gegeben werden. Dies würde der Gegenstand eines umfangreichen Buches sein, das in diesem Augenblicke zu schreiben, mir die Verhältnisse nicht gestatten.

Sucht man nach der Beziehung des Seelischen zum Leiblichen, dann kann man nicht die von Brentano gegebene auf Seite 86 ff. dieser Schrift gekennzeichnete Gliederung des seelischen Erlebens in Vorstellen, Urteilen und in die Erscheinungen des Liebens und Hassens zugrunde legen. Diese Gliederung führt beim Aufsuchen dieser Beziehungen zu einer solchen Verschiebung aller in Betracht kommenden Verhältnisse, daß man nicht zu sachgemäßen Ergebnissen gelangen kann. Man muß bei einer derartigen Betrachtung von der von Brentano abgewiesenen Gliederung in Vorstellen, Fühlen und Wollen ausgehen. Faßt man nun zusammen alles dasjenige Seelische, das als Vorstellen erlebt wird und sucht man nach den leiblichen Vorgängen, mit denen dieses Seelische in Beziehung zu setzen ist, so findet man den entsprechenden Zusammenhang, indem man dabei in weitgehendem Maße den Ergebnissen der gegenwärtigen physiologischen Psychologie sich anschließen kann. Die körperlichen Gegenstücke zum Seelischen des Vorstellens hat man in den Vorgängen des Nervensystems mit ihrem Auslaufen in die Sinnesorgane einerseits und in die leibliche Innenorganisation andrerseits zu sehen. So sehr man vom anthroposophischen Gesichtspunkte aus manches wird anders zu denken haben, als es die gegenwärtige Wissenschaft tut: eine Grundlage vorzüglicher Art ist in dieser Wissenschaft vorhanden. Nicht so steht es, wenn man die leiblichen Gegenstücke für das Fühlen und Wollen bestimmen will. In bezug darauf muß man sich innerhalb der Ergebnisse gegenwärtiger Physiologie erst den richtigen Weg bahnen. Ist man auf denselben gelangt, so findet man, daß man wie das Vorstellen zur Nerventätigkeit so das Fühlen in Beziehung bringen muß zu demjenigen Lebensrhythmus, der in der Atmungstätigkeit seine Mitte hat und mit ihr zusammenhängt. Man hat dabei zu berücksichtigen, daß man zu dem angestrebten Ziele den Atmungsrhythmus mit allem, was mit ihm zusammenhängt, bis in die äußersten peripherischen Teile der Organisation verfolgen muß. Um auf diesem Gebiete zu konkreten Ergebnissen zu gelangen, müssen die Erfahrungen der physiologischen Forschung in einer Richtung verfolgt werden, welche heute noch vielfach ungewohnt ist. Erst wenn man dies vollbringt, werden alle Widersprüche verschwinden, die sich zunächst ergeben, wenn Fühlen und Atmungsrhythmus zusammengebracht werden. Was zunächst zum Widerspruch herausfordert, wird bei näherem Eingehen zum Beweise für diese Beziehung. Aus dem weiten Gebiet, das hier verfolgt werden muß, sei nur ein einziges Beispiel herausgehoben. Das Erleben des Musikalischen beruht auf einem Fühlen. Der Inhalt des musikalischen Gebildes aber lebt in dem Vorstellen, das durch die Wahrnehmungen des Gehörs vermittelt wird. Wodurch entsteht das musikalische Gefühls-Erlebnis? Die *Vorstellung* des Tongebildes, die auf Gehörorgan und Nervenvorgang beruht, ist noch nicht dieses musikalische Erlebnis. Das letztere entsteht, indem im Gehirn der Atmungsrhythmus in seiner Fortsetzung bis in dieses Organ hinein, sich begegnet mit dem, was durch Ohr und Nervensystem vollbracht wird. Und die Seele lebt nun nicht in dem bloß Gehörten und Vorgestellten, sondern sie lebt in dem Atmungsrhythmus; sie erlebt dasjenige, was im Atmungsrhythmus ausgelöst wird dadurch, daß gewissermaßen das im Nervensystem Vorgehende heranstößt an dieses rhythmische Leben. Man muß nur die Physiologie des Atmungsrhythmus im rechten Lichte sehen, so wird man umfänglich zur Anerkennung des Satzes kommen: die Seele erlebt fühlend, indem sie sich dabei ähnlich auf den Atmungsrhythmus stützt wie im Vorstellen auf die Nervenvorgänge. – Und bezüglich des Wollens findet man, daß dieses sich in ähnlicher Art stützt auf Stoffwechselvorgänge. Wieder muß da in Betracht gezogen werden, was alles an Verzweigungen und Ausläufern der Stoffwechselvorgänge im ganzen Organismus in Betracht kommt. Wie dann, wenn etwas «vorgestellt» wird, sich ein Nervenvorgang abspielt, auf Grund dessen die Seele sich ihres Vorgestellten bewußt wird, wie ferner dann, wenn etwas «gefühlt» wird, eine Modifikation des Atmungsrhythmus verläuft, durch die der Seele ein Gefühl auflebt: *so* geht, wenn etwas «gewollt» wird, ein Stoffwechselvorgang vor sich, der die leibliche Grundlage ist für das als Wollen in der Seele Erlebte. – Nun ist in der Seele ein vollbewußtes waches Erleben nur für das vom Nervensystem vermittelte Vorstellen vorhanden. Was durch den Atmungsrhythmus vermittelt wird, das lebt im gewöhnlichen Bewußtsein in jener Stärke, welche die Traumvorstellungen haben. Dazu gehört alles Gefühlsartige, auch alle Affekte, alle Leidenschaften und so weiter. Das Wollen, das auf Stoffwechselvorgänge gestützt ist, wird in keinem höheren Grade bewußt erlebt als in jenem ganz dumpfen, der im Schlafe vorhanden ist. Man wird bei genauer Betrachtung des hier in Frage Kommenden bemerken, daß man das Wollen ganz anders erlebt als das Vorstellen. Das letztere erlebt man wie man etwa eine von Farbe bestrichene Fläche sieht; das Wollen so, wie eine schwarze Fläche innerhalb eines farbigen Feldes. Man «sieht» innerhalb der Fläche, auf der keine Farbe ist, eben deshalb etwas, weil im Gegensatz zu der Umgebung, von der Farben-Eindrücke ausgehen, von dieser Fläche keine solchen Eindrücke kommen: man «stellt das Wollen vor», weil innerhalb der Vorstellungs-Erlebnisse der Seele an gewissen Stellen sich ein Nicht-Vorstellen einfügt, das sich in das vollbewußte Erleben hineinstellt ähnlich wie die im Schlafe zugebrachten Unterbrechungen des Bewußtseins in den bewußten Lebenslauf. Aus diesen verschiedenen Arten des bewußten Erlebens ergibt sich die Mannigfaltigkeit des seelischen Erfahrens in Vorstellen, Fühlen und Wollen. – Theodor Ziehen wird in seinem Buche «Leitfaden der physiologischen Psychologie» zu bedeutungsvollen Kennzeichnungen des Gefühls und des Wollens geführt. Dies Buch ist in mancher Beziehung mustergültig für die gegenwärtige naturwissenschaftliche Betrachtungsart des Zusammenhanges von Physischem und Psychischem. Das Vorstellen in seinen verschiedenen Gestaltungen wird zu dem Nervenleben in die Beziehung gesetzt, die man auch vom anthroposophischen Gesichtspunkte anerkennen muß. Doch über das Gefühl sagt Ziehen (vergleiche 9. Vorlesung in seinem genannten Buche): «Die ältere Psychologie betrachtet fast ausnahmslos die Affekte als die Kundgebungen eines besonderen, selbständigen Seelenvermögens. *Kant* stellte das Gefühl der Lust und Unlust als besondere Seelenfähigkeit zwischen das Erkenntnisvermögen und das Begehrungsvermögen und betonte ausdrücklich, daß eine weitere Ableitung dieser drei Seelenvermögen aus einem gemeinschaftlichen Grunde nicht möglich sei. Demgegenüber haben unsere bisherigen Erörterungen uns bereits gelehrt, daß die Gefühle der Lust und Unlust in dieser Selbständigkeit gar nicht existieren, daß sie vielmehr nur als Eigenschaften oder Merkmale von Empfindungen und Vorstellungen als sogenannte Gefühlstöne auftreten.» – Diese Denkungsart gesteht also dem Fühlen keine Selbständigkeit im Seelenleben zu; sie sieht in ihm nur eine Eigenschaft des Vorstellens. Die Folge davon ist, daß sie nicht nur das Vorstellungsleben, sondern auch das Gefühlsleben von den Nervenvorgängen gestützt sein läßt. Für sie ist das Nervenleben das Leibliche, dem das gesamte Seelische zugeeignet wird. Doch beruht diese Denkungsart im Grunde darauf, daß sie in unbewußter Art schon das vorausdenkt, was sie finden will. Sie läßt als Seelisches nur dasjenige gelten, was zu Nervenvorgängen in Beziehung steht, und muß aus diesem Grunde dasjenige, was nicht dem Nervenleben sich zueignen läßt, das Fühlen, als nicht selbständig existierend ansehen, als bloßes Merkmal des Vorstellens. Wer sich nicht in dieser Weise mit seinen Begriffen in eine falsche Richtung bringt, dem wird erstens eine *unbefangene* Seelenbeobachtung die Selbständigkeit des Gefühlslebens in der bestimmtesten Art ergeben, zweitens wird ihm die vorurteilslose Verwertung der physiologischen Erkenntnisse die Einsicht verschaffen, daß das Fühlen in der oben angedeuteten Weise dem Atmungsrhythmus zuzueignen ist. – Dem Wollen spricht die naturwissenschaftliche Denkungsart alles selbständig Wesenhafte im Seelenleben ab. Dieses gilt ihr nicht einmal wie das Fühlen als Merkmal des Vorstellens. Aber dieses Absprechen beruht auch nur darauf, daß man alles Wesenhaft-Seelische den Nervenvorgängen zueignen will (vergleiche die 15. Vorlesung in Theodor Ziehens «Physiologischer Psychologie»). Nun kann man aber das Wollen in seiner besonderen Eigenart nicht auf eigentliche Nervenvorgänge beziehen. Gerade wenn man dies mit der musterhaften Klarheit herausarbeitet, wie es Theodor Ziehen tut, kann man zu der Ansicht hingedrängt werden, die Analyse der Seelenvorgänge in ihrer Beziehung zum Leibesleben «ergibt keinen Anlaß zur Annahme eines besonderen Willensvermögens». Und doch: die unbefangene Seelenbetrachtung erzwingt die Anerkennung des selbständigen Willenslebens; und die sachgemäße Einsicht in die physiologischen Ergebnisse zeigt, daß das Wollen als solches nicht zu Nervenvorgängen, sondern zu Stoffwechselvorgängen in Beziehung gesetzt werden muß. – Wenn man auf diesem Gebiete klare Begriffe schaffen will, dann muß man die physiologischen und psychologischen Ergebnisse in dem Lichte sehen, das durch die Wirklichkeit gefordert wird; nicht aber so, wie es in der gegenwärtigen Physiologie und Psychologie vielfach geschieht, in einer

Beleuchtung, welche aus vorgefaßten Meinungen, Definitionen, ja sogar theoretischen Sympathien und Antipathien stammt. Vor allem ist scharf ins Auge zu fassen das Verhältnis von Nerventätigkeit, Atmungsrhythmus und Stoffwechseltätigkeit. Denn diese Tätigkeitsformen liegen nicht neben-, sondern *ineinander*, durchdringen sich, gehen ineinander über. Stoffwechseltätigkeit ist im ganzen Organismus vorhanden; sie durchdringt die Organe des Rhythmus und diejenigen der Nerventätigkeit. Aber im Rhythmus ist sie *nicht* die leibliche Grundlage des Fühlens, in der Nerventätigkeit *nicht* diejenige des Vorstellens; sondern in beiden ist ihr die den Rhythmus und die Nerven durchdringende Willenswirksamkeit zuzueignen. Was im Nerv als Stoffwechseltätigkeit existiert, kann nur ein materialistisches Vorurteil mit dem Vorstellen in eine Beziehung setzen. Die in der Wirklichkeit wurzelnde Betrachtung sagt etwas ganz anderes. Sie muß anerkennen, daß im Nerv Stoffwechsel vorhanden ist, insofern ihn das Wollen durchdringt. Ebenso ist es in dem leiblichen Apparat für den Rhythmus. Was in ihm Stoffwechseltätigkeit ist, hat mit dem in diesem Organ vorhandenen Wollen zu tun. Man muß mit der Stoffwechseltätigkeit das Wollen, mit dem rhythmischen Geschehen das Fühlen in Zusammenhang bringen, gleichgültig, in welchen Organen sich Stoffwechsel oder Rhythmus offenbaren. In den Nerven aber geht noch etwas ganz anderes vor sich als Stoffwechsel und Rhythmus. Die leiblichen Vorgänge im Nervensystem, welche dem Vorstellen die Grundlage geben, sind physiologisch schwer zu fassen. Denn, wo Nerventätigkeit stattfindet, da ist Vorstellen des gewöhnlichen Bewußtseins vorhanden. Der Satz gilt aber auch umgekehrt: wo nicht vorgestellt wird, da kann nie Nerventätigkeit gefunden werden, sondern nur Stoffwechseltätigkeit im Nerven, und andeutungsweise rhythmisches Geschehen. Die Physiologie wird nie zu Begriffen kommen, die für die Nervenlehre wirklichkeitsgemäß sind, so lange sie nicht einsieht, daß die wahrhaftige Nerventätigkeit überhaupt nicht Gegenstand der physiologischen Sinnesbeobachtung sein kann. Anatomie und Physiologie müssen zu der Erkenntnis kommen, daß sie die Nerventätigkeit nur durch eine *Methode der Ausschließung* finden können. Was im Nervenleben *nicht* sinnlich beobachtbar ist, wovon aber das Sinnesgemäße die Notwendigkeit seines Vorhandenseins ergibt und auch die Eigenheit seiner Wirksamkeit, das ist Nerventätigkeit. Zu einer positiven Vorstellung über die Nerventätigkeit kommt man, wenn man in ihr dasjenige materielle Geschehen sieht, durch das im Sinne des ersten Kapitels dieser Schrift die rein geistig-seelische Wesenhaftigkeit des lebendigen Vorstellungsinhaltes zu dem unlebendigen Vorstellen des gewöhnlichen Bewußtseins herabgelähmt wird. Ohne diesen Begriff, den man in die Physiologie einführen muß, wird in dieser keine Möglichkeit bestehen, zu sagen, was Nerventätigkeit ist. Die Physiologie hat Methoden sich ausgebildet, welche gegenwärtig diesen Begriff eher verdecken als ihn offenbaren. Und auch die Psychologie hat sich auf diesem Gebiete den Weg versperrt. Man sehe nur, wie zum Beispiel die Herbartsche Psychologie in dieser Richtung gewirkt hat. Sie hat den Blick nur auf das Vorstellungsleben geworfen, und sieht in Fühlen und Wollen nur Wirksamkeiten des Vorstellungslebens. Aber diese Wirksamkeiten zerrinnen vor der Erkenntnis, wenn man nicht zu gleicher Zeit den Blick unbefangen auf die Wirklichkeit des Fühlens und Wollens richtet. Man kommt durch solches

Zerrinnen zu keiner wirklichkeitsgemäßen Zuordnung des Fühlens und Wollens zu den leiblichen Vorgängen. – Der *Leib als Ganzes*, nicht bloß die in ihm eingeschlossene Nerventätigkeit ist physische Grundlage des Seelenlebens. Und wie das letztere für das gewöhnliche Bewußtsein sich umschreiben läßt durch Vorstellen, Fühlen und Wollen, so das leibliche Leben durch Nerventätigkeit, rhythmisches Geschehen und Stoffwechselvorgänge. – Sogleich entsteht da die Frage: wie ordnen sich in den Organismus ein auf der einen Seite die eigentliche Sinneswahrnehmung, in welche die Nerventätigkeit nur ausläuft, und wie die Bewegungsfähigkeit auf der andern Seite, in welche das Wollen mündet? Unbefangene Beobachtung zeigt, daß beides nicht in demselben Sinne zum Organismus gehört wie Nerventätigkeit, rhythmisches Geschehen und Stoffwechselvorgänge. Was im Sinn geschieht ist etwas, das gar nicht unmittelbar dem Organismus angehört. In die Sinne erstreckt sich die Außenwelt wie in Golfen hinein in das Wesen des Organismus. Indem die Seele das im Sinne vor sich gehende Geschehen umspannt, nimmt sie nicht an einem inneren organischen Geschehen teil, sondern an der Fortsetzung des äußeren Geschehens in den Organismus hinein. (Ich habe diese Verhältnisse erkenntniskritisch in einem Vortrag für den Bologner Philosophen-Kongreß des Jahres 1911 erörtert.) – Und in einem Bewegungsvorgang hat man es physisch auch nicht mit etwas zu tun, dessen Wesenhaftes innerhalb des Organismus liegt, sondern mit einer Wirksamkeit des Organismus in den Gleichgewichts- und Kräfteverhältnissen, in die der Organismus gegenüber der Außenwelt hineingestellt ist. Innerhalb des Organismus ist dem Wollen nur ein Stoffwechselvorgang zuzueignen; aber das durch diesen Vorgang ausgelöste Geschehen ist zugleich ein Wesenhaftes innerhalb der Gleichgewichts- und Kräfteverhältnisse der Außenwelt; und die Seele übergreift, indem sie sich wollend betätigt, den Bereich des Organismus und lebt mit ihrem Tun das Geschehen der Außenwelt mit. Eine große Verwirrung hat für die Betrachtung aller dieser Dinge die Gliederung der Nerven in Empfindungs- und motorische Nerven angerichtet. So fest verankert diese Gliederung in den gegenwärtigen physiologischen Vorstellungen erscheint: sie ist nicht in der unbefangenen Beobachtung begründet. Was die Physiologie vorbringt auf Grund der Zerschneidung der Nerven, oder der krankhaften Ausschaltung gewisser Nerven beweist *nicht*, was auf Grundlage des Versuches oder der Erfahrung sich ergibt, sondern etwas ganz anderes. Es beweist, daß der Unterschied gar nicht besteht, den man zwischen Empfindungs- und motorischen Nerven annimmt. Beide Nervenarten sind vielmehr *wesensgleich*. Der sogenannte motorische Nerv dient *nicht in dem Sinne* der Bewegung wie die Lehre von dieser Gliederung es annimmt, sondern *als Träger der Nerventätigkeit* dient er der inneren Wahrnehmung desjenigen Stoffwechselvorganges, der dem Wollen zugrunde liegt, geradeso wie der Empfindungsnerv der Wahrnehmung desjenigen dient, was im Sinnesorgan sich abspielt. Bevor nicht die Nervenlehre in dieser Beziehung mit klaren Begriffen arbeitet, wird eine richtige Zuordnung des Seelenlebens zum Leibesleben nicht zustande kommen.

In ähnlicher Art, wie man psycho-physiologisch die Beziehungen des in Vorstellen, Fühlen und Wollen verlaufenden Seelenlebens zum Leibesleben suchen kann, so kann man anthroposophisch nach Erkenntnis der Beziehungen streben, welche das Seelische des gewöhnlichen Bewußtseins zum Geistesleben hat. Und da findet man durch die in dieser und in meinen anderen Schriften geschilderten anthroposophischen Methoden, daß sich für das Vorstellen wie im Leibe die Nerventätigkeit, so im Geistigen eine Grundlage findet. Die Seele steht nach der anderen, vom Leibe abgewandten, Seite in Beziehung zu einem geistig Wesenhaften, das die Grundlage ist für das Vorstellen des gewöhnlichen Bewußtseins. Dieses geistig Wesenhafte kann aber nur durch schauendes Erkennen erlebt werden. Und es wird so erlebt, indem sich sein Inhalt als gegliederte Imaginationen dem schauenden Bewußtsein darstellt. Wie nach dem Leibe hin das Vorstellen auf der Nerventätigkeit ruht, so strömt es von der andern Seite her aus einem geistig Wesenhaften, das in Imaginationen sich enthüllt. Dieses geistig Wesenhafte ist, was in meinen Schriften der Äther- oder Lebensleib genannt wird. (Wobei, wenn ich es bespreche, ich immer darauf aufmerksam mache, daß man sich an dem Ausdruck «Leib» ebensowenig wie an dem andern «Äther» stoßen solle, denn, was ich ausführe, zeigt klar, daß man das Gemeinte nicht im materialistischen Sinne deuten soll.) Und dieser Lebensleib (in dem 4. Buch des 1. Jahrganges der Zeitschrift «Das Reich» habe ich auch den Ausdruck «Bildekräfteleib» gebraucht) ist das Geistige, aus dem das Vorstellungsleben des gewöhnlichen Bewußtseins von der Geburt (beziehungsweise Empfängnis) bis zum Tode erfließt. Das Fühlen des gewöhnlichen Bewußtseins ruht nach der Leibesseite hin auf dem rhythmischen Geschehen. Von der geistigen Seite her erfließt es aus einem Geistig-Wesenhaften, das innerhalb der anthroposophischen Forschung durch Methoden gefunden wird, welche ich in meinen Schriften als diejenigen der Inspiration kennzeichne. (Wobei man wieder berücksichtigen möge, daß ich innerhalb dieses Begriffes nur das von mir Umschriebene verstehe, so daß man meine Bezeichnung nicht verwechseln sollte mit dem, was oft vom Laien bei diesem Worte verstanden wird.) Dem schauenden Bewußtsein offenbart sich in dem der Seele zugrunde liegenden, durch Inspirationen zu erfassenden geistig Wesenhaften dasjenige, was dem Menschen als Geistwesen eigen ist über Geburt und Tod hinaus. Auf diesem Gebiete ist es, wo die Anthroposophie ihre geisteswissenschaftlichen Untersuchungen über die Unsterblichkeitsfrage anstellt. *So wie im Leibe durch das rhythmische Geschehen sich der sterbliche Teil des fühlenden Menschenwesens offenbart, so in dem Inspirations-Inhalt des schauenden Bewußtseins der unsterbliche geistige Seelenwesenskern.* – Das Wollen, das nach dem Leibe hin auf den Stoffwechselvorgängen beruht, erströmt aus dem Geiste für das schauende Bewußtsein durch dasjenige, was ich in meinen Schriften die wahrhaftigen Intuitionen nenne. Was im Leibe durch die gewissermaßen niederste Betätigung des Stoffwechsels sich offenbart, dem entspricht im Geiste ein Höchstes: dasjenige, was durch Intuitionen sich ausspricht. Daher kommt das Vorstellen, das auf der Nerventätigkeit beruht, leiblich fast vollkommen zur Darstellung; das Wollen hat in den ihm leiblich zugeordneten Stoffwechselvorgängen nur einen schwachen Abglanz. Das wirkliche Vorstellen ist das *lebendige;* das leiblich bedingte ist das abgelähmte. Der Inhalt ist derselbe. Das wirkliche Wollen, auch das in der physischen Welt sich verwirklichende, verläuft in den Regionen, die nur dem intuitiven Schauen zugänglich sind; sein leibliches Gegenstück hat mit seinem Inhalte fast gar nichts zu tun. In demjenigen geistig Wesenhaften, das der Intuition sich offenbart, ist enthalten, was sich aus vorangegangenen Erdenleben in die folgenden hinübererstreckt. Und auf dem hier in Betracht kommenden Gebiet ist es, wo die Anthroposophie sich den Fragen der wiederholten Erdenleben und der Schicksalsfrage nähert. Wie der Leib in Nerventätigkeit, rhythmischem Geschehen und Stoffwechselvorgängen sich auslebt, so der Geist des Menschen in demjenigen, was in Imaginationen, Inspirationen, Intuitionen sich offenbart. Und wie der Leib in seinem Bereich nach zwei Seiten das Wesen *seiner* Außenwelt miterleben läßt, nämlich in den Sinnes- und den Bewegungsvorgängen, so der Geist nach der einen Seite hin, indem er das vorstellende Seelenleben auch im gewöhnlichen Bewußtsein *imaginativ* erlebt; und nach der andern Seite hin, indem er im Wollen *intuitive* Impulse ausgestaltet, die sich durch Stoffwechselvorgänge verwirklichen. Sieht man nach dem Leibe hin, so findet man die Nerventätigkeit, die als Vorstellungswesen lebt; sieht man nach dem Geiste hin, so gewahrt man den Geist-Inhalt der Imaginationen, der in eben dieses Vorstellungswesen einfließt. Brentano empfindet zunächst die geistige Seite am vorstellenden Seelenleben; daher charakterisiert er dieses Leben als Bildleben (imaginatives Geschehen). Aber wenn nicht bloß ein eigenes Seelen-Inneres erlebt wird, sondern durch das *Urteil* ein Anzuerkennendes oder zu Verwerfendes, so kommt zum Vorstellen hinzu ein aus dem Geiste fließendes Seelenerlebnis, dessen Inhalt unbewußt bleibt, so lange es sich nur um das gewöhnliche Bewußtsein handelt, weil er in den Imaginationen von einer dem physischen Objekte zugrunde liegenden geistigen Wesenhaftigkeit besteht, die zu der Vorstellung nur das hinzufügen, *daß deren Inhalt existiert*. Aus diesem Grunde ist es, daß Brentano das Vorstellungsleben in seiner Klassifikation spaltet, in das *bloße Vorstellen*, das nur innerlich Daseiendes imaginativ erlebt; und in das *Urteilen*, das von außen Gegebenes imaginativ erlebt, aber das Erlebnis nur als Anerkennung oder Verwerfung sich zum Bewußtsein bringt. Gegenüber dem *Fühlen* blickt Brentano gar nicht nach der Leibes-Grundlage, dem rhythmischen Geschehen hin, sondern er versetzt nur dasjenige in den Bereich seiner Aufmerksamkeit, was aus unbewußt bleibenden Inspirationen im Gebiet des gewöhnlichen Bewußtseins als Lieben und Hassen auftritt. Das *Wollen* aber entfällt ganz seiner Aufmerksamkeit, weil diese sich nur auf Erscheinungen *in der Seele* richten will, in dem Wollen aber etwas liegt, was *nicht* in der Seele beschlossen ist, sondern mit dem die Seele eine Außenwelt miterlebt. Die Brentanosche Klassifikation der Seelenphänomene beruht also darauf, daß er diese nach Gesichtspunkten gliedert, die ihre wahre Beleuchtung erfahren, wenn man den Blick nach dem Geist-Kerne der Seele lenkt, und daß er doch damit treffen will die Phänomene des gewöhnlichen Bewußtseins. Mit dem hier über Brentano Gesagten habe ich noch ergänzen wollen das oben Seite 90 ff. in dieser Beziehung über ihn Ausgesprochene.

7. *Die Sonderung des Seelischen von dem Außer-Seelischen durch Franz Brentano*

Zu Seite 86, Anmerkung zu Zeile 12 von oben

Brentano zeigt durch verschiedene Ausführungen, wie stark er nach einer klaren Sonderung des Seelischen von dem

Außer-Seelischen strebte. Der in dieser Schrift gekennzeichnete Seelenbegriff, den er hat, zwingt ihn dazu. Man richte, um das zu sehen, den Blick auf die Art, wie er das Seelen-Erlebnis zu umschreiben versucht, das in dem Bilden der Überzeugung von einer Wahrheit vorliegt. Er fragt sich: woher rührt, was die Seele als Überzeugung erlebt, die sie an einen Vorstellungs-Inhalt knüpft? Einige Denker glauben, daß der Überzeugungsgrad einer Wahrheit gegenüber in einer gefühlten Intensität bestehe, mit der man den entsprechenden Vorstellungs-Inhalt erlebt. Brentano sagt darüber: «Es ist falsch, aber ein Irrtum, dem fast allgemein gehuldigt wird, und von dem auch ich, als ich den ersten Band der Psychologie schrieb, mich noch nicht befreit hatte, daß der sogenannte Grad der Überzeugung eine Intensitätsstufe des Urteilens sei, welche mit der Intensität von Lust und Schmerz in Analogie gebracht werden könnte. Hätte Windelband *diesen* Irrtum mir vorgehalten, so würde ich ihm ganz und vollkommen recht geben. Nun aber tadelt er mich, weil ich eine Intensität nur in analogem, nicht aber in gleichem Sinne bei der Überzeugung anerkennen wollte, und weil ich die angebliche Intensität der Überzeugung und die wahrhafte Intensität des Gefühls der Größe nach für unvergleichbar erklärte. Da haben wir eine der Folgen seiner verbesserten Auffassung des Urteils. – Wäre der Überzeugungsgrad meines Glaubens, daß $2+1=3$ sei, eine Intensität, wie mächtig müßte diese dann sein! Und wenn nun gar dieser Glaube mit Windelband zu einem Gefühl gemacht, nicht bloß dem Gefühl analog gedacht werden dürfte, wie zerstörend für unser Nervensystem müßte die Heftigkeit der Gefühlserschütterung werden! Jeder Arzt würde vor dem Studium der Mathematik als etwas Gesundheitszerrüttendem warnen müssen» (Seite 57f. von Brentanos «Vom Ursprung sittlicher Erkenntnis»). Hätte Brentano weiter durchleben können, was in diesem Streben nach dem Wesen der Überzeugung in ihm wirkte, er hätte die Sonderung erblickt, die sich zwischen dem vorstellenden Seelischen ergibt, das in sich selbst *keine* Intensität erlebt, wenn eine Überzeugung gebildet wird, und dem Außer-Seelischen, das in den Inhalt des Seelischen eingeht, und das in der Intensität des Überzeugungsgrades auch *in* der Seele ein Außerseelisches bleibt, so daß das Innenleben den Überzeugungsgrad zwar *anschaut*, aber nicht mit ihm lebt.

Auf ein ähnliches Gebiet einer scharfen Sonderung des Seelischen vom Außer-Seelischen gehört, was Brentano in seiner Abhandlung «Über Individuation, multiple Qualität und Intensität sinnlicher Erscheinungen» (Seite 51 ff. seiner Schrift «Untersuchungen zur Sinnespsychologie») vorbringt. Er bemüht sich da, zu zeigen, wie dem eigentlich Seelischen eine Intensität nicht innewohnend ist, und wie der Intensitätsgrad der seelischen Empfindung ein Leben des außerseelischen Empfundenen auf dem Schauplatze des Seelischen ist. Daß man durchaus nicht ins «mystische Dunkel» der Unwissenschaftlichkeit kommen muß, wenn man sich bemüht, die in solchen elementarischen Einsichten gelegenen Keime erkennend weiter zu entwickeln, empfindet Brentano. Deshalb schreibt er am Ende der genannten Abhandlung (Seite 77f.): «Was das dann weiter bedeuten werde, ist wohl leicht ersichtlich. – Wie viel hatte nicht die *Herbartsche Psychologie*, wie viel nicht auch die *Psychophysik* auf dieses Dogma (er meint das Dogma von der Intensität im Seelischen) gebaut! Alles das wird im Sturze mitgerissen werden. Und wir sehen so, wie die Berichtigung eines kleinen Punktes der Empfindungslehre einen weittragenden reformatorischen Einfluß üben wird. – Selbst die *Hypothesen, welche man über das Weltganze aufgestellt* hat, werden davon nicht unberührt bleiben. – Man hat für die beiden Gebiete des Psychischen und Physischen vielfach eine durchgängige Analogie behauptet; den Nachweis dafür freilich nicht erbracht oder auch nur ernstlich zu erbringen versucht. Man hielt sich ganz im allgemeinen und da konnte denn der Gedanke an die Intensität als eine Art Größe, die jedem Psychischen, wie die räumliche jedem Körperlichen eigen sei, der ihm zugedachten Rolle genügen. – Behauptete man aber einmal durchgängige Analogie von Psychischem und Physischem, warum nicht lieber geradezu ihre Identität behaupten oder das eine dem anderen einfach substituieren? – In allem dem Physischen analog und in sich selbst allein durch evidente Wahrnehmung gewährleistet, muß das Psychische jede hypothetische Annahme eines Physischen überflüssig erscheinen lassen. – So klingt denn unter anderem auch die Wundtsche Psychologie in dem Gedanken aus, daß man die Annahme einer physischen Welt, nachdem man ihn eine zeitlang heuristisch verwertet, schließlich wie ein Gerüst fallen lassen könne, wo dann das Ganze der echten Wahrheit als rein psychisches Weltgebäude sich enthülle. – Dieser Gedanke hatte wohl auch bisher wenig Aussicht, jemals eine greifbare Gestalt und eine Durchbildung ins einzelne zu gewinnen. Die neue Auffassung der Intensität aber mit ihrem klaren Nachweis, daß eine intensive Größe nichts weniger als universell den psychischen Tätigkeiten eigen genannt werden kann, macht die Hoffnung, daß es einmal zu einer solchen kommen werde, vollends zunichte. – *Den Glauben an den wahren Bestand einer Körperwelt werden wir uns also nicht nehmen lassen*, und er wird für die Naturwissenschaft immer die *Hypothese aller Hypothesen* bleiben.» Nach einer durchgängigen Analogie von Psychischem und Physischem, die Brentano ablehnt, sucht nur derjenige, welcher nicht danach strebt, das Psychische auf der einen Seite, das Physische auf der andern in klarer Weise vorzustellen, sondern der dafür, sich mit seinen Begriffen am Physischen forttastend, dem Psychischen solche Erlebnisse wie das der Intensität zuschiebt, während im rein Seelischen nichts davon gefunden werden kann. Mir scheint, daß dieser oben angeführte Brentanosche Gedanke noch genauer zum Vorschein gekommen wäre, wenn sein Träger im Sinne des in dieser Schrift Seite 85 f. Dargestellten die Aufmerksamkeit gelenkt hätte auf das Merkmal des Physischen, das dem Intentionellen im Psychischen an Bedeutung gleichkommt. – Doch ist schon bedeutsam, daß Brentano den Ausblick wagt von den elementaren Einsichten zu Anschauungen über weiter gehende Welträtsel. Denn die Denkungsart der neueren Zeit ist solchen Ausblicken abgeneigt. Ich gebe ein Beispiel für viele. Der bedeutende Psychologe *Fortlage* zeigt an einer Stelle seiner «Acht psychologischen Vorträge» (Jena 1869), wie nahe er mit seinem *ahnenden* Erkennen einem gewissen Gebiete des schauenden Bewußtseins war, nämlich der Erkenntnis von der ablähmenden Kraft des im gewöhnlichen Bewußtsein lebenden Seelendaseins. Er schreibt (Seite 35 der genannten Schrift): «Wenn wir uns *lebendige Wesen* nennen, und so uns eine Eigenschaft beilegen, die wir mit Tieren und Pflanzen teilen, so verstehen wir unter dem lebendigen Zustand notwendig etwas, das uns nie verläßt, und sowohl im Schlaf als im Wachen stets in uns fortdauert. Dies ist das vegetative Leben der Ernährung unseres Organismus, ein unbewußtes Leben, ein Leben des Schlafs. Das Gehirn macht hier dadurch eine Ausnahme, daß dieses Leben der Ernährung, dieses Schlafleben bei ihm in den Pausen des Wachens überwogen wird von dem Leben der Verzehrung» (von mir in dieser Schrift «Herablähmung» genannt). «In diesen Pausen steht das Gehirn einer überwiegenden Verzehrung preisgegeben, und gerät folglich in einen Zustand, welcher, wenn er sich auf die übrigen Organe miterstreckte, die absolute Entkräftung des Leibes oder den Tod zu Wege bringen würde.» Und diesen Gedanken zu Ende führend, sagt Fortlage (Seite 39): «Das Bewußtsein ist ein kleiner und partieller Tod, der Tod ist ein großes und totales Bewußtsein, *ein Erwachen des ganzen Wesens in seinen innersten Tiefen.*» Man kann nur sagen: Fortlage steht mit solchen Gedanken am Ausgangspunkte der Anthroposophie, auch wenn er – wie Brentano – in sie nicht eintritt. Doch selbst wegen dieses Stehens am Ausgangspunkte findet der im Banne der neueren Vorstellungsart stehende Eduard von Hartmann, daß solch ein Ausblick von elementarischer Erkenntnis zu dem großen Welträtsel der Unsterblichkeit wissenschaftlich unstatthaft ist. Eduard von Hartmann schreibt über Fortlage: «Er überschreitet aber die Grenzen der Psychologie, wenn er das Bewußtsein als kleinen und partiellen Tod, den Tod als großes und totales Bewußtsein, als ein helleres, gänzliches Erwachen der Seele in ihren Tiefen bezeichnet...» (Vergleiche Eduard von Hartmann, «Die moderne Psychologie», Leipzig, 1901, Hermann Haackes Verlag, Seite 48f.)

8. Ein oft erhobener Einwand gegen die Anthroposophie

Zu Seite 110, Anmerkung zu Zeile 6 von oben

Es wird oft ein Einwand gegen die Anthroposophie erhoben, der ebenso begreiflich aus der Seelenstimmung der Persönlichkeiten heraus ist, von denen er kommt, wie er unberechtigt ist gegenüber dem Geiste, aus dem heraus das anthroposophische Forschen angestellt wird. Mir erscheint er deshalb ganz unbeträchtlich, weil die Widerlegung für jeden nahe liegt, der mit wirklichem Verständnisse den vom anthroposophischen Gesichtspunkte gegebenen Darstellungen folgt. Nur weil er immer von neuem auftritt, sage ich hier einiges über ihn, wie ich es auch schon in der 6. Auflage meiner «Theosophie», am Schlusse, 1914 getan habe. – Es wird, um diesen Einwand aufzustellen, gefordert, daß die geistigen Beobachtungsergebnisse, die von der Anthroposophie vorgebracht werden, im Sinne der rein naturwissenschaftlichen Experimentiermethode «bewiesen» werden sollen. Man stellt sich etwa vor, einige Personen, die behaupten, sie können zu solchen Ergebnissen kommen, werden einer Anzahl anderer Personen in einem regelrecht angeordneten Experiment gegenübergesetzt, und die «Geistesforscher» hätten dann anzugeben, was sie an den zu untersuchenden Personen «geschaut» haben. Ihre Angaben müßten dann übereinstimmen, oder doch wenigstens in einem genügend großen Prozentsatze sich ähnlich sein. Man kann begreifen, daß, wer Anthroposophie nur kennt, ohne sie verstanden zu haben, eine solche Forderung immer wieder erhebt, denn durch deren Erfüllung würde ihm erspart, sich zu dem richtigen Beweiswege durchzuarbeiten, der in der Aneignung des jedem erreichbaren *eigenen* Schauens besteht. Wer aber Anthroposophie wirklich verstanden hat, der hat auch die Einsicht, daß ein in der angedeuteten Art angestelltes Experiment zur Gewinnung wahrhaft geistiger Anschauungsergebnisse ungefähr ebenso geeignet ist wie zur Beobachtung der Zeit an einer Uhr die Stillesetzung der Zeiger. Denn zur Herbeiführung der Bedingungen, unter denen Geistiges geschaut werden kann, führen Wege, die aus den Verhältnissen des seelischen Lebens selbst sich heraus ergeben müssen. Äußere Veranstaltungen, wie sie zu einem naturwissenschaftlichen Experiment führen, sind nicht aus solchen Verhältnissen heraus gebildet. Innerhalb dieser Verhältnisse muß zum Beispiel gelegen sein, daß der Willensimpuls, der zum Schauen führt, *nur* aus dem ureigenen inneren Impuls desjenigen *restlos* hervorgeht, der schauen soll. Und daß nicht in künstlichen äußeren Maßnahmen etwas gegeben ist, was gestaltend in diesen inneren Impuls einfließt. – Es ist eigentlich zu verwundern, daß so wenig berücksichtigt wird, wie doch jedermann sich die Beweise für die Anthroposophie unmittelbar durch die eigene entsprechende Seelenverfassung verschaffen kann; daß also diese «Beweise» jedermann zugänglich sind. So wenig man dieses wird eingestehen wollen: der Grund des Verlangens nach «äußeren Beweisen» liegt doch nur darinnen, daß diese letztern auf bequemerem Wege zu erreichen wären als auf dem mühsamen, unbequemen, aber wahrhaft geisteswissenschaftlichen.

Auf einem ganz anderen Felde als diese Forderung nach bequemen Experimentalbeweisen für die anthroposophischen Wahrheiten liegt, was Brentano wollte, indem er immer wieder darnach strebte, in einem psychologischen Laboratorium arbeiten zu können. Die Sehnsucht, ein solches zur Verfügung zu haben, tritt in seinen Schriften oft zutage. Die Umstände haben tragisch in sein Leben eingegriffen, die ihm ein solches versagt haben. Er würde gerade durch seine Stellung zu den psychologischen Fragen Wichtigstes durch ein solches Laboratorium geleistet haben. Will man nämlich *die beste* Grundlage schaffen zu anthropologisch-psychologischen Ergebnissen, die bis an die «Erkenntnis-Grenzorte» gehen, an denen sich Anthropologie mit Anthroposophie treffen muß, so kann dieses durch ein psychologisches Laboratorium geschehen, wie ein solches Brentano in Gedanken vorgeschwebt hat. Um die Tatsachen des «schauenden Bewußtseins» herbeizuführen, brauchten in einem solchen Laboratorium keine Experimentalmethoden gesucht zu werden; aber durch *diejenigen* Experimentalmethoden, die gesucht werden, würde sich offenbaren, wie die menschliche Wesenheit zu diesem Schauen veranlagt ist, und wie von dem gewöhnlichen das schauende Bewußtsein gefordert wird. Jeder, der auf dem anthroposophischen Gesichtspunkt steht, sehnt sich ebenso wie Brentano, in einem echten psychologischen Laboratorium arbeiten zu können, was durch die heute noch gegen die Anthroposophie herrschenden Vorurteile unmöglich ist.

9. Schlußbemerkung

Auf allerlei «Angriffe», die in letzter Zeit nicht auf die Anthroposophie, sondern auf meine Person gemacht worden sind, gehe ich hier nicht ein. Zum Teil ist dies deshalb hier nicht angängig, weil diese «Angriffe» eines wahren wissenschaftlichen Charakters entbehren; zum Teil sind sie rein persönlicher Art, beruhen nicht auf sachlichen Grundlagen, sondern auf Gehässigkeit, und in den weitaus meisten Fällen wissen die Angreifer ganz gut, daß, was sie behaupten, objektive Unwahrheiten sind.

Hinweise des Herausgebers

*

Verzeichnis der im Text angeführten
Schriften Rudolf Steiners

*

Personenregister

*

Literaturhinweis

*

Rudolf Steiner – Leben und Werk

*

Übersicht über die
Rudolf Steiner Gesamtausgabe

HINWEISE DES HERAUSGEBERS

(Angaben zu bestimmten Auflagen beziehen sich auf Bände der Rudolf Steiner Gesamtausgabe)

Werke Rudolf Steiners innerhalb der Gesamtausgabe (GA) werden in den Hinweisen mit der Bibliographie-Nummer angegeben. Siehe auch die Übersicht am Schluß des Bandes.

Zu Seite

8 *Max Dessoir,* 1867–1947, Professor für Philosophie in Berlin; Herausgeber der «Zeitschrift für Ästhetik und allgemeine Kunstwissenschaft».

Sie seien «eine Mischung aus falschen Deutungen...»: Max Dessoir, «Vom Jenseits der Seele. Die Geheimwissenschaften in kritischer Betrachtung», Stuttgart 1917, Vorwort S. VI.

13 *Robert Zimmermann,* 1824–1898, Philosoph, Ästhetiker. «Anthroposophie im Umriß. Entwurf eines Systems idealer Weltansicht auf realistischer Grundlage», Wien 1882.

14 *«Geistes-Augen» und «Geistes-Ohren»:* Siehe z.B. Goethes Aufsatz «Wenige Bemerkungen» (zu Kaspar Friedrich Wolff); in «Goethes Naturwissenschaftlichen Schriften», herausgegeben und kommentiert von Rudolf Steiner in Kürschners «Deutsche National-Litteratur» 1883–97, 5 Bände, Nachdruck Dornach 1975, GA Bibl.-Nr. 1a–e, Band I, S. 107: «Wie vortrefflich diese Methode auch sei, durch die er (K. Fr. Wolff) so viel geleistet hat, so dachte der vortreffliche Mann doch nicht, daß ein Unterschied sei zwischen sehen und sehen, daß die Geistesaugen mit den Augen des Leibes in stetem lebendigen Bunde zu wirken haben, weil man sonst in Gefahr gerät, zu sehen und doch vorbeizusehen.» Siehe auch: «Faust II» I/V. 4667: «Tönend wird für Geistes-Ohren/ schon der neue Tag geboren.»

(Fußnote): *meine auf Goethes Weltanschauung bezüglichen Schriften:* Siehe Hinweis zu S. 14; «Grundlinien einer Erkenntnistheorie der Goetheschen Weltanschauung» (1886), GA Bibl.-Nr. 2; «Goethes Weltanschauung» (1897), GA Bibl.-Nr. 6. (Vgl. auch die Übersicht auf S. 178.)

16 *Franz Brentano,* 1838–1917, früher katholischer Theologe; als Philosoph und Psychologe lehrte er in Würzburg und Wien. Vgl. auch Rudolf Steiners Aufsatz: «Franz Brentano. Über die Zukunft der Philosophie», in «Methodische Grundlagen der Anthroposophie 1884 bis 1901», GA 1961, Bibl.-Nr. 30, S. 526ff., sowie: «Franz Brentano und

die Aristotelische Geisteslehre», Vortrag in: «Anthroposophie, Psychosophie, Pneumatosophie», GA 1965, Bibl.-Nr. 115, S. 217 ff., und die Aufsätze: «Die Lehre Jesu' von Franz Brentano» und «Das Verstehen der Menschen (Brentano und Nietzsche)», in «Der Goetheanumgedanke inmitten der Kulturkrisis der Gegenwart. Gesammelte Aufsätze 1921–1924», GA 1961, Bibl.-Nr. 36, S. 153 ff. und S. 158 ff.

16 *William James*, 1842–1910, amerikanischer Psychologe und Philosoph; siehe Rudolf Steiner, «Die Rätsel der Philosophie», GA Bibl.-Nr. 18 (Register).

20 *Emil Du Bois-Reymond*, 1815–1896, Physiologe. Das Zitat lautet ausführlich: «In Bezug auf die Rätsel der Körperwelt ist der Naturforscher längst gewöhnt, mit männlicher Entsagung sein ‹Ignoramus› auszusprechen. Im Rückblick auf die durchlaufene siegreiche Bahn trägt ihn dabei das stille Bewußtsein, daß, wo er jetzt nicht weiß, er wenigstens unter Umständen wissen könnte, und dereinst vielleicht wissen wird. In bezug auf das Rätsel aber, was Materie und Kraft seien, und wie sie zu denken vermögen, muß er ein für allemal zu dem viel schwerer abzugebenden Wahrspruch sich entschließen: ‹Ignorabimus›!» In «Über die Grenzen des Naturerkennens», Vortrag, gehalten auf der Versammlung Deutscher Naturforscher und Ärzte zu Leipzig am 14. August 1872. I. Aufl. Leipzig 1872, S. 33.

28 *«sinnlich-sittliche Wirkung der Farbe»*: J. W. Goethe, «Entwurf einer Farbenlehre», Didaktischer Teil, sechste Abteilung; siehe Hinweis zu Seite 14, Band III, S. 289 ff.

55 *«Dämon» des Sokrates:* Siehe z. B. Plato, Apologie des Sokrates, 31 C: «Hiervon ist nun die Ursache, was ihr mich oft und vielfältig sagen gehört habt, daß mir etwas Göttliches und Daimonisches widerfährt, was auch Meletos in seiner Anklage auf Spott gezogen hat. Mir aber ist dies von meiner Kindheit an geschehen: eine Stimme nämlich, welche jedesmal, wenn sie sich hören läßt, mir von etwas abredet, was ich tun will, – zugeredet aber hat sie mir nie.» (Übersetzung von F. Schleiermacher) – Siehe auch Xenophon, Memorabilia I 4, 15; IV 3, 13. Ferner G. F. W. Hegel, «Geschichte der Philosophie», Kap. Sokrates.

63 (Fußnote): *zu Galilei:* Siehe «Goethes Naturwissenschaftliche Schriften», GA 1973, Bibl.-Nr. 1, S. 119.

74 *Ferdinand August Louvier:* «Sphinx locuta est. Goethes ‹Faust› und die Resultate einer rationellen Methode der Forschung», (2 Bände), Berlin 1887.

Guido von List: Z.B.: «Die Namen der Völkerstämme Germaniens und deren Deutung» (1909); «Das Geheimnis der Runen» (1907); «Die Bilderschrift der Ario-Germanen» (1910).

77 *Friedrich Theodor Vischer:* Siehe Hinweis zu S. 135 f.

83 *ein anderer Nachruf (von Utitz):* Der Höflersche Aufsatz enthält (auf S. 324) auch das von Rudolf Steiner angeführte Zitat aus dem Nachruf von Emil Utitz; dieser erschien als 1. Beilage der Vossischen Zeitung, am 25. März 1917: «Franz Brentano, Erinnerungen an einen merkwürdigen Weisen».

85 Das Zitat von *Jacob Moleschott* konnte bisher nicht aufgefunden werden. Eine charakteristische Stelle in dem Aufsatz von *Richard Wallaschek* lautet: «Die Sinne sagen uns die Eingenschaften eines Dinges, und wenn wir alle diese Eigenschaften kennen, dann kennen wir das Ding selbst, wir brauchen nicht erst ein dahinterliegendes Geheimnis zu wittern. Das Ding ist die Summe der Eigenschaften, und diese sind die Beziehungen zu andern Dingen.» («Die Zeit», Nr. 97, 8. August 1896, S. 87).

98 *Eduard von Hartmann,* 1842–1908, Theologe und Philosoph. Siehe über ihn auch Rudolf Steiner «Mein Lebensgang», GA Bibl.-Nr. 28 (Register).

102 *Eduard Zeller,* 1814–1908, Theologe und Philosoph. «Über die Lehre des Aristoteles von der Ewigkeit des Geistes», Sitzungsberichte der kgl. preuss. Akademie der Wissenschaften, Berlin 1882.

104/105 *Nihil est in intellectu, quod non fuerit in sensu:* In dieser Formulierung findet sich der Satz erst bei Thomas von Aquino (De veritate II, 3), ähnlich formuliert auch schon bei Cicero (De finibus I, 19); jedoch entspricht er den Ausführungen in Aristoteles' Schrift «De anima». Siehe besonders Buch 3, Kapitel 8: «Da es aber außer den *empfundenen* Größen (nämlich durch Sinnesempfindung), wie es scheint, kein Ding gibt, das abgetrennt für sich existierte, so ist in den empfundenen Formen auch das Gedachtwerdende, das durch Abstraktion Gesagte, und alle Beschaffenheit und Zustände des Empfundenen. Und deshalb kann man, wenn man nichts empfindet, auch nichts lernen, noch verstehen.» (Übersetzung von F. A. Kreuz).

Nihil est in intellectu, quod non fuerit in sensu, nisi ipse intellectus: Siehe Gottfried Wilhelm Leibnitz (1646–1716), Nouveaux essais sur l'entendement humain. Neue Abhandlungen über den menschlichen Verstand, Buch II. Kapitel I. – (Theophilus): «Ich gebe zu, die Erfahrung ist notwendig, damit die Seele zu diesen oder jenen Gedanken bestimmt werde, und damit sie auf die Ideen, die in uns sind, achtet. Was aber ist das Mittel, durch das die Erfahrung und die Sinne Ideen geben können? Hat die Seele Fenster, gleicht sie einer Tafel? Ist sie wie aus Wachs? Offensichtlich halten alle diejenigen, die so von der Seele denken, sie im Grunde für körperlich. Man wird mir jenes von den Philosophen anerkannte Axiom entgegenhalten, *daß nichts in der Seele ist, das nicht von* den Sinnen stammt. Aber man muß die Seele selbst und ihre Affektionen davon ausnehmen. *Nihil est in intellectu, quod non fuerit in sensu,* excipe: *nisi intellectus ipse.* Die Seele schließt in sich das Sein, die Substanz, das Eine, das Gleiche, die Ursache, die Perzeption, das vernünftige Denken und viele andere Begriffe, die die Sinne nicht geben können.» (Übersetzung von W. v. Engelhardt und H. H. Holz). – Siehe dazu auch: Rudolf Steiner, «Der Wert des Denkens für eine den Menschen befriedigende Erkenntnis», Vortrag vom 17. September 1915, Zbinden-Verlag Basel 1958 (vorgesehen für die GA in Bibl.-Nr. 164).

110 *Hieronymus Lorm,* Pseudonym für Heinrich Landesmann, 1821–1902, Schriftsteller von politisch-satirischen Schriften, Zeitromanen und Gedichten. – «Der grundlose Optimismus – Ein Buch der Betrachtung», Wien 1894.

121 *Adolf Exner,* 1841–1894, Professor für Römisches Recht in Wien. «Über politische Bildung», Inaugurationsrede, Wien 1891.

122 *Seelenlehre ohne Seele:* Der Ausdruck wurde geprägt von Friedrich Albert Lange, 1828–1875, in seinem Werk: «Geschichte des Materialismus und Kritik seiner Bedeutung in der Gegenwart», Iserlohn 1866 («Psychologie ohne Seele»).

132 *Theodor Ziehen,* 1862–1950, Mediziner, Psychiater. «Leitfaden der physiologischen Psychologie – in 15 Vorlesungen», 5., teilweise umgearbeitete Auflage Jena 1900.

134 *an andern Orten über das Gedächtnis und die Erinnerung:* Siehe «Theosophie», GA Bibl.-Nr. 9, Anfang des Kapitels «Wiederverkörperung des Geistes und Schicksal», S. 61ff. – «Geheimwissenschaft im Umriß», GA Bibl.-Nr. 13, im Kapitel «Wesen der Menschheit», S. 62ff; und S. 434f.

135f. *Friedrich Theodor Vischer,* 1807–1887, Ästhetiker und Schriftsteller. «Altes und Neues», drei Hefte in einem Band, Stuttgart 1881/82. Erstes Heft: «Der Traum. Eine Studie zu der Schrift: Die Traumphantasie von Dr. Johannes Volkelt».

137 *Gideon Spicker,* 1840–1912, Theologe und Philosoph. «Am Wendepunkt der christlichen Weltperiode. Philosophisches Bekenntnis eines ehemaligen Kapuziners», Stuttgart 1910.

139f. *Vincenz Knauer,* 1828–1894, Philosoph. «Die Hauptprobleme der Philosophie in ihrer Entwicklung und teilweisen Lösung von Thales bis Robert Hamerling», Wien und Leipzig 1892. 21. Vorlesung «Die Erkenntnisquellen», S. 136f. Siehe dazu auch Rudolf Steiner, «Methodische Grundlagen der Anthroposophie 1884–1901», GA 1961, Bibl.-Nr. 30, S. 329f.

145 *«vollständige Sinneslehre»:* Siehe besonders Rudolf Steiner, «Anthroposophie. Ein Fragment aus dem Jahre 1910», GA Bibl.-Nr. 45. Eine Übersicht über seine Ausführungen zur Sinneslehre findet sich in «Nachrichten der Rudolf Steiner-Nachlaßverwaltung», Heft 14, Dornach Michaeli 1965 (Hendrik Knobel, «Zur Sinneslehre Rudolf Steiners»). Siehe auch «Beiträge zur Rudolf Steiner Gesamtausgabe», Heft 34, Dornach Sommer 1971.

147 *Fritz Mauthner,* 1849–1923, Schriftsteller und Sprachphilosoph. – Zu seinem Begriff der «Zufallssinne» siehe besonders: «Beiträge zu einer Kritik der Sprache», Erster Band: «Sprache und Psychologie», Stuttgart 1901, S. 320–374.

149 *daß Wilhelm Dilthey mit seinen philosophischen Forschungen auf dem Wege war ...:* Wilhelm Dilthey, 1833–1911; siehe dazu besonders Band V seiner «Gesammelten Schriften», Stuttgart 1957: «Beiträge zur Lösung der Frage vom Ursprung unseres Glaubens an die Realität der Außenwelt und seinem Recht» (1890).

151 *Z. 4 von unten «ergeben»:* Im Manuskript und der ersten Auflage 1917 stand *«erheben».*

157 *Johann Friedrich Herbart,* 1776–1841; siehe Rudolf Steiner «Die Rätsel der Philosophie», GA 1968, Bibl.-Nr. 18, S. 256–265.

158 *Vortrag für den Bologner Philosophen-Kongreß,* am 8. April 1911. «Die psychologischen Grundlagen und die erkenntnistheoretische Stellung der Anthroposophie», in: «Philosophie und Anthroposophie», GA 1965, Bibl.-Nr. 35, S. 111–144.

159 *Z. 7 von unten «bevor nicht»:* Im Manuskript und den beiden ersten Auflagen (1917 und 1921) ohne *«nicht».*

160 Zum Ausdruck *Bildekräfteleib* vergleiche «Das Reich», Vierteljahrschrift, hrsg. in München und Heidelberg von Alexander Freiherr von Bernus, 1. Jahr 1917, Buch 4: Rudolf Steiner, «Weitere Ausführungen über die Erkenntnis vom Zustand zwischen dem Tode und einer neuen Geburt», S. 486–499, wiedererschienen in «Philosophie und Anthroposophie», GA 1965, Bibl.-Nr. 35, S. 269–306.

167f. *Arnold Rudolf Karl Fortlage,* 1806–1881, Philosoph und Psychologe.

*Verzeichnis der im Text angeführten Schriften Rudolf Steiners
in chronologischer Reihenfolge*

Goethes Naturwissenschaftliche Schriften, herausgegeben und kommentiert von Rudolf Steiner in Kürschners «Deutsche National-Litteratur» 1883–97, 5 Bände, Nachdruck Dornach 1975, GA Bibl.-Nr. 1a–e; separate Ausgabe der Einleitungen (1925), GA Bibl.-Nr. 1

Grundlinien einer Erkenntnistheorie der Goetheschen Weltanschauung (1886), GA Bibl.-Nr. 2

Goethe als Vater einer neuen Ästhetik (1889). Zusammen veröffentlicht mit «Über das Komische und seinen Zusammenhang mit Kunst und Leben», Einzelausgabe Dornach, sowie in GA Bibl.-Nr. 30

Wahrheit und Wissenschaft. Vorspiel einer Philosophie der Freiheit (1892), GA Bibl.-Nr. 3

Die Philosophie der Freiheit (1894), GA Bibl.-Nr. 4

Goethes Weltanschauung (1897), GA Bibl.-Nr. 6

Reinkarnation und Karma, vom Standpunkte der modernen Naturwissenschaft notwendige Vorstellungen – Wie Karma wirkt (1903), Einzelausgabe Dornach, sowie in GA Bibl.-Nr. 34

Theosophie. Einführung in übersinnliche Welterkenntnis und Menschenbestimmung (1904), GA Bibl.-Nr. 9

Wie erlangt man Erkenntnisse der höheren Welten? (1904), GA Bibl.-Nr. 10

Blut ist ein ganz besonderer Saft (1906), Einzelausgabe Dornach, sowie in GA Bibl.-Nr. 55

Die Geheimwissenschaft im Umriß (1910), GA Bibl.-Nr. 13

Die psychologischen Grundlagen und die erkenntnistheoretische Stellung der Anthroposophie (1911), in: «Philosophie und Anthroposophie», GA 1965, Bibl.-Nr. 35, S. 111–144

Die geistige Führung des Menschen und der Menschheit (1911), GA Bibl.-Nr. 15

Die Rätsel der Philosophie in ihrer Geschichte als Umriß dargestellt (1914); erweiterte Neuausgabe des Werkes: «Welt- und Lebensanschauungen im neunzehnten Jahrhundert» (1900/1901), GA Bibl.-Nr. 18

Vom Menschenrätsel (1916), GA Bibl.-Nr. 20

Die Erkenntnis vom Zustand zwischen dem Tode und einer neuen Geburt (1917), in: «Philosophie und Anthroposophie», GA 1965, Bibl.-Nr. 35, S. 269–306

LITERATURHINWEIS

(GA = Rudolf Steiner Gesamtausgabe)

Zur Weiterführung und Vertiefung der Darstellungen des vorliegenden Bandes sei noch auf folgende Ausgaben von Rudolf Steiner hingewiesen:

Spirituelle Seelenlehre und Weltbetrachtung (Achtzehn öffentliche Vorträge, Berlin 1903/04) GA Bibl.-Nr. 52.

Metamorphosen des Seelenlebens – Pfade der Seelenerlebnisse (Achtzehn öffentliche Vorträge in Berlin und München 1909/10) GA Bibl.-Nr. 58/59.

Weltwesen und Ichheit (Sieben Vorträge, Berlin 1916) GA Bibl.-Nr. 169.

Das Rätsel des Menschen. Die geistigen Hintergründe der menschlichen Geschichte (Fünfzehn Vorträge, Dornach 1916) GA Bibl.-Nr. 170.

Geist und Stoff, Leben und Tod (Sieben öffentliche Vorträge, Berlin 1917) GA Bibl.-Nr. 66.

Allgemeine Menschenkunde als Grundlage der Pädagogik (Vierzehn Vorträge, Stuttgart 1919) GA Bibl.-Nr. 293.

Anthroposophie als Kosmosophie, Teil I: Wesenszüge des Menschen im irdischen und kosmischen Bereich (Elf Vorträge, Dornach 1921) GA Bibl.-Nr. 207. (Besonders 4. und 5. Vortrag)

Personenregister

(erw. = der Name wird im Text lediglich erwähnt)

Aenesidemus (um 70 n. Chr.) erw. 112

Agrippa (um 200 n. Chr.) erw. 112

Ammonius Sakkas (um 200 n. Chr.) erw. 112

Anaxagoras (um 500–427 v. Chr.) erw. 112

Aristoteles (384–322 v. Chr.) 97, 100ff., 112, 115

Baco von Verulam (1561–1626) 109, 113, 118

Brentano, Franz (1838–1917) s. bes. Kap. III und IV. 7; 9, 16f., 143f., 150, 162, 170f.

Descartes, René (1596–1650) erw. 113, 118

Dessoir, Max (1867–1947) Kap. II, 7f., 11

Dilthey, Wilhelm (1833–1911) 149

Du Bois-Reymond, Emil (1815 bis 1896) 20

Duns Scotus, Johannes (1265 od. 1274–1308) erw. 112

Meister Eckhard (1260–1327) erw. 113

Exner, Adolf (1841–1894) 121, 125ff.

Fichte, Johann Gottlieb (1762–1814) erw. 79, 113, 119

Fortlage, Karl (1806–1881) 167f.

Frohschammer, Jakob (1821–1893) 106 Fußn.

Galilei, Galileo (1564–1642) erw. 63

Goethe, Johann Wolfgang von (1749–1832) erw. 13f., 28

Hartmann, Eduard von (1842–1906) 98f., 168

Hegel, Georg Wilhelm Friedrich (1770–1831) erw. 56f., 79, 113, 119

Helmholtz, Herman von (1821–1895) erw. 122

Herbart, Johann Friedrich (1776–1841) erw. 13, 157, 165

Hertwig, Oscar (1849–1922) 124 Fußn.

Höfler, Alois (1853–1922) 83

Hume, David (1711–1776) erw. 113, 118f.

Huxley, Thomas Henry (1825–1895) erw. 112

Jamblichus (um 330 n. Chr.) erw. 112

James, William (1842–1910) 16ff.

Kant, Immanuel (1724–1804) 113, 119, 154

Knauer, Vincenz (1828–1894) 139f.

Leibnitz, Gottfried Wilhelm von (1646–1716) 104ff., 113, 118

List, Guido von (1848–1919) erw. 74

Locke, John (1632–1704) erw. 109, 113, 118

Lorm, Hieronymus (1821–1902) erw. 110

Louvier, Ferdinand August (?) erw. 74

Mach, Ernst (1838–1916) erw. 17

Mauthner, Fritz (1849–1923) 147

Moleschott, Jacob (1822–1893) 85

Occam, Wilhelm von (1270–1327) 112

Plato (427–347 v. Chr.) erw. 97, 102

Plotin (205–270 n. Chr.) erw. 79, 112f.

Porphyrius (232–304 n. Chr.) erw. 112

Proklus (410–485 n. Chr.) erw. 112

Reid, Thomas (1710–1796) erw. 113

Schelling, Friedrich Wilhelm Joseph (1775–1854) erw. 79, 113, 119

Sextus Empirikus (um 200 n. Chr.) erw. 112

Sokrates (469–399 v. Chr.) 55ff.

Spicker, Gideon (1840–1912) 137

Suso Heinrich (um 1300–1366) erw. 113

Tauler, Johannes (um 1300–1361) erw. 113

Thales (um 625–545 v. Chr.) 115 Fußn.

Thomas von Aquino (1227–1274) 108, 112, 116f.

Utitz, Emil (1883–1956) 83

Vischer, Friedrich Theodor (1807–1887) 77 Fußn., 135

Volkelt, Johannes (1848–1930) erw. 135

Wallaschek, Richard (1860–1917) 85 Fußn.

Weismann, August (1834–1914) erw. 122

Windelband, Wilhelm (1848–1915) erw. 164

Zeller, Eduard (1814–1908) 102f.

Ziehen, Theodor (1862–1950) erw. 132, 153ff.

RUDOLF STEINER – LEBEN UND WERK

Das Lebenswerk, welches Rudolf Steiner der Nachwelt hinterlassen hat, dürfte nach Gehalt und Umfang innerhalb der Kulturwelt wohl ohne Beispiel dastehen. Seine Schriften – die Werke und Aufsätze – bilden die Grundlage für das, was er im Laufe seines Lebens in Vorträgen und Kursen seinen Zuhörern als «anthroposophisch orientierte Geisteswissenschaft» von immer neuen Aspekten aus darstellte und ausführte. Der größte Teil dieser rund sechstausend Vorträge ist in Nachschriften erhalten geblieben. Daneben entfaltete er auch auf künstlerischem Gebiet eine große Tätigkeit, welche ihren Höhepunkt in der Errichtung des ersten Goetheanumbaues in Dornach fand. So liegen eine große Anzahl malerischer, plastischer und architektonischer Arbeiten, Entwürfe und Skizzen von seiner Hand vor. Die durch ihn gegebenen Anregungen für die Erneuerung zahlreicher Lebensgebiete beginnen in der gegenwärtigen Zeit vermehrte Beachtung zu finden.

Seit dem Jahre 1956 wird durch die «Rudolf Steiner-Nachlaßverwaltung» an der Herausgabe der *Rudolf Steiner Gesamtausgabe* gearbeitet, die einen Umfang von etwa 330 Bänden erhalten wird. In den beiden ersten Abteilungen erscheinen die *Schriften* und das *Vortragswerk*, während in einer dritten Abteilung das *künstlerische Werk* in geeigneter Form zur Wiedergabe gelangt.

Einen systematischen Überblick über das Gesamtwerk gibt die 1961 erschienene Bibliographie: «*Rudolf Steiner. Das literarische und künstlerische Werk. Eine bibliographische Übersicht*», auf welche sich die im folgenden verwendete Bezeichnung «Bibl.-Nr.» bezieht. Über den jeweiligen Stand der erschienenen Bände orientiert der Katalog des «Rudolf Steiner Verlages».

Chronologischer Lebensabriß
(zugleich Übersicht über die geschriebenen Werke)

1861   Am 27. Februar wird Rudolf Steiner in Kraljevec (damals Österreich-Ungarn, heute Jugoslawien) als Sohn eines Beamten der österreichischen Südbahn geboren. Seine Eltern stammen aus Niederösterreich. Er verlebt seine Kindheit und Jugend an verschiedenen Orten Österreichs.

1872   Besuch der Realschule in Wiener-Neustadt bis zum Abitur 1879.

1879	Studium an der Wiener Technischen Hochschule: Mathematik und Naturwissenschaft, zugleich Literatur, Philosophie und Geschichte. Grundlegendes Goethe-Studium.
1882	Erste schriftstellerische Tätigkeit.
1882–1897	Herausgabe von Goethes Naturwissenschaftlichen Schriften in Kürschners «Deutsche National-Litteratur», fünf Bände (Bibl.-Nr. 1a–e). Eine selbständige Ausgabe der Einleitungen erschien 1925 unter dem Titel *Goethes Naturwissenschaftliche Schriften* (Bibl.-Nr. 1).
1884–1890	Privatlehrer bei einer Wiener Familie.
1886	Berufung zur Mitarbeit bei der Herausgabe der großen «Sophien-Ausgabe» von Goethes Werken. *Grundlinien einer Erkenntnistheorie der Goetheschen Weltanschauung mit besonderer Rücksicht auf Schiller* (Bibl.-Nr. 2).
1888	Herausgabe der «Deutschen Wochenschrift», Wien (Aufsätze daraus in Bibl.-Nr. 31). Vortrag im Wiener Goethe-Verein: *Goethe als Vater einer neuen Ästhetik* (in Bibl.-Nr. 30).
1890–1897	Weimar. Mitarbeit am Goethe- und Schiller-Archiv. Herausgeber von Goethes Naturwissenschaftlichen Schriften.
1891	Promotion zum Doktor der Philosophie an der Universität Rostock. 1892 erscheint die erweiterte Dissertation: *Wahrheit und Wissenschaft. Vorspiel einer «Philosophie der Freiheit»* (Bibl.-Nr. 3).
1894	*Die Philosophie der Freiheit. Grundzüge einer modernen Weltanschauung. Seelische Beobachtungsresultate nach naturwissenschaftlicher Methode* (Bibl.-Nr. 4).
1895	*Friedrich Nietzsche, ein Kämpfer gegen seine Zeit* (Bibl.-Nr. 5).
1897	*Goethes Weltanschauung* (Bibl.-Nr. 6) Übersiedlung nach Berlin. Herausgabe des «Magazin für Literatur» und der «Dramaturgischen Blätter» zusammen mit O. E. Hartleben. (Aufsätze daraus in Bibl.-Nrn. 29–32). Wirksamkeit in der «Freien literarischen Gesellschaft», der «Freien dramatischen Gesellschaft», im «Giordano Bruno-Bund», im Kreis der «Kommenden» u. a.
1899–1904	Lehrtätigkeit an der von W. Liebknecht gegründeten Berliner «Arbeiter-Bildungsschule».

1900/01	*Welt- und Lebensanschauungen 19. Jahrhundert*, 1914 erweitert zu: *Die Rätsel der Philosophie* (Bibl.-Nr. 18). Beginn der anthroposophischen Vortragstätigkeit auf Einladung der Theosophischen Gesellschaft in Berlin. *Die Mystik im Aufgange des neuzeitlichen Geisteslebens* (Bibl.-Nr. 7).
1902–1912	Aufbau der Anthroposophie. Regelmäßige öffentliche Vortragstätigkeit in Berlin und ausgedehnte Vortragsreisen in ganz Europa. Marie von Sivers (ab 1914 Marie Steiner) wird seine ständige Mitarbeiterin.
1902	*Das Christentum als mystische Tatsache und die Mysterien des Altertums* (Bibl.-Nr. 8).
1903	Begründung und Herausgabe der Zeitschrift «Luzifer», später «*Lucifer-Gnosis*» (Aufsätze in Bibl.-Nr. 34).
1904	*Theosophie. Einführung in übersinnliche Welterkenntnis und Menschenbestimmung* (Bibl.-Nr. 9).
1904/05	*Wie erlangt man Erkenntnisse der höheren Welten?* (Bibl.-Nr. 10). *Aus der Akasha-Chronik* (Bibl.-Nr. 11). *Die Stufen der höheren Erkenntnis* (Bibl.-Nr. 12).
1910	*Die Geheimwissenschaft im Umriß* (Bibl.-Nr. 13).
1910–1913	In München werden die *Vier Mysteriendramen* (Bibl.-Nr. 14) uraufgeführt.
1911	*Die geistige Führung des Menschen und der Menschheit* (Bibl.-Nr. 15).
1912	*Anthroposophischer Seelenkalender. Wochensprüche* (in Bibl.-Nr. 40, und selbständige Ausgaben). *Ein Weg zur Selbsterkenntnis des Menschen* (Bibl.-Nr. 16).
1913	Trennung von der Theosophischen und Begründung der Anthroposophischen Gesellschaft. *Die Schwelle der geistigen Welt* (Bibl.-Nr. 17).
1913–1923	Errichtung des in Holz als Doppelkuppelbau gestalteten ersten Goetheanum in Dornach/Schweiz.
1914–1923	Dornach und Berlin. In Vorträgen und Kursen in ganz Europa gibt Rudolf Steiner Anregungen für eine Erneuerung auf vielen Lebensgebieten: Kunst, Pädagogik, Naturwissenschaften, soziales Leben, Medizin, Theologie. Weiterbildung der 1912 inaugurierten neuen Bewegungskunst «Eurythmie».

1914	*Die Rätsel der Philosophie in ihrer Geschichte als Umriß dargestellt* (Bibl.-Nr. 18).
1916–1918	*Vom Menschenrätsel* (Bibl.-Nr. 20). *Von Seelenrätseln* (Bibl.-Nr. 21). *Goethes Geistesart in ihrer Offenbarung durch seinen «Faust» und durch das «Märchen von der Schlange und der Lilie»* (Bibl.-Nr. 22).
1919	Rudolf Steiner vertritt den Gedanken einer «Dreigliederung des sozialen Organismus» in Aufsätzen und Vorträgen, vor allem im süddeutschen Raum. *Die Kernpunkte der sozialen Frage in den Lebensnotwendigkeiten der Gegenwart und Zukunft* (Bibl.-Nr. 23). *Aufsätze über die Dreigliederung des sozialen Organismus* (Bibl.-Nr. 24). Im Herbst wird in Stuttgart die «Freie Waldorfschule» begründet, die Rudolf Steiner bis zu seinem Tode leitet.
1920	Beginnend mit dem Ersten anthroposophischen Hochschulkurs finden im noch nicht vollendeten Goetheanum fortan regelmäßig künstlerische und Vortragsveranstaltungen statt.
1921	Begründung der Wochenschrift «Das Goetheanum» mit regelmäßigen Aufsätzen und Beiträgen Rudolf Steiners (in Bibl.-Nr. 36).
1922	*Kosmologie, Religion und Philosophie* (Bibl.-Nr. 25). In der Silvesternacht 1922/23 wird der Goetheanumbau durch Brand vernichtet. Für einen neuen in Beton konzipierten Bau kann Rudolf Steiner in der Folge nur noch ein erstes Außenmodell schaffen.
1923	Unausgesetzte Vortragstätigkeit, verbunden mit Reisen. Zu Weihnachten 1923 Neubegründung der «Anthroposophischen Gesellschaft» als «Allgemeine Anthroposophische Gesellschaft» unter der Leitung Rudolf Steiners.
1923–1925	Rudolf Steiner schreibt in wöchentlichen Folgen seine unvollendet gebliebene Selbstbiographie *Mein Lebensgang* (Bibl.-Nr. 28) sowie *Anthroposophische Leitsätze* (Bibl.-Nr. 26), und arbeitet mit Dr. Ita Wegman an dem Buch *Grundlegendes für eine Erweiterung der Heilkunst nach geisteswissenschaftlichen Erkenntnissen* (Bibl.-Nr. 27).
1924	Steigerung der Vortragstätigkeit. Daneben zahlreiche Fachkurse. Letzte Vortragsreise in Europa. Am 28. September letzte Ansprache zu den Mitgliedern. Beginn des Krankenlagers.
1925	Am 30. März stirbt Rudolf Steiner in Dornach.

RUDOLF STEINER GESAMTAUSGABE
Überblick über das literarische und künstlerische Werk

Erste Abteilung: Die Schriften

I. Werke

Goethes Naturwissenschaftliche Schriften, eingeleitet und kommentiert von R. Steiner, 5. Bände (Bibl.-Nr. 1a–e); separate Ausgabe der Einleitungen (Bibl.-Nr. 1)
Grundlinien einer Erkenntnistheorie der Goetheschen Weltanschauung (Bibl.-Nr. 2)
Wahrheit und Wissenschaft. Vorspiel einer «Philosophie der Freiheit» (Bibl.-Nr. 3)
Die Philosophie der Freiheit (Bibl.-Nr. 4)
Friedrich Nietzsche, ein Kämpfer gegen seine Zeit (Bibl.-Nr. 5)
Goethes Weltanschauung (Bibl.-Nr. 6)
Die Mystik im Aufgange des neuzeitlichen Geisteslebens und ihr Verhältnis zur modernen Weltanschauung (Bibl.-Nr. 7)
Das Christentum als mystische Tatsache und die Mysterien des Altertums (Bibl.-Nr. 8)
Theosophie. Einführung in übersinnliche Welterkenntnis und Menschenbestimmung (Bibl.-Nr. 9)
Wie erlangt man Erkenntnisse der höheren Welten? (Bibl.-Nr. 10)
Aus der Akasha-Chronik (Bibl.-Nr. 11)
Die Stufen der höheren Erkenntnis (Bibl.-Nr. 12)
Die Geheimwissenschaft im Umriß (Bibl.-Nr. 13)
Vier Mysteriendramen: Die Pforte der Einweihung – Die Prüfung der Seele – Der Hüter der Schwelle – Der Seelen Erwachen (Bibl.-Nr. 14)
Die geistige Führung des Menschen und der Menschheit (Bibl.-Nr. 15)
Anthroposophischer Seelenkalender (in Bibl.-Nr. 40)
Ein Weg zur Selbsterkenntnis des Menschen (Bibl.-Nr. 16)
Die Schwelle der geistigen Welt (Bibl.-Nr. 17)
Die Rätsel der Philosophie in ihrer Geschichte als Umriß dargestellt (Bibl.-Nr. 18)
Vom Menschenrätsel (Bibl.-Nr. 20)
Von Seelenrätseln (Bibl.-Nr. 21)
Goethes Geistesart in ihrer Offenbarung durch seinen «Faust» und durch das «Märchen von der Schlange und der Lilie» (Bibl.-Nr. 22)
Die Kernpunkte der sozialen Frage in den Lebensnotwendigkeiten der Gegenwart und Zukunft (Bibl.-Nr. 23)
Aufsätze über die Dreigliederung des sozialen Organismus und zur Zeitlage 1915–1921 (Bibl.-Nr. 24)
Kosmologie, Religion und Philosophie (Bibl.-Nr. 25)

Anthroposophische Leitsätze (Bibl.-Nr. 26)

Grundlegendes für eine Erweiterung der Heilkunst nach geisteswissenschaftlichen Erkenntnissen. Von Dr. Rudolf Steiner und Dr. Ita Wegman (Bibl.-Nr. 27)

Mein Lebensgang (Bibl.-Nr. 28)

II. Gesammelte Aufsätze

Gesammelte Aufsätze zur Dramaturgie 1889–1900 (Bibl.-Nr. 29)

Methodische Grundlagen der Anthroposophie. Gesammelte Aufsätze zur Philosophie, Naturwissenschaft, Ästhetik und Seelenkunde 1884–1901 (Bibl.-Nr. 30)

Gesammelte Aufsätze zur Kultur- und Zeitgeschichte 1887–1901 (Bibl.-Nr. 31)

Gesammelte Aufsätze zur Literatur 1886–1902 (Bibl.-Nr. 32)

Biographien und biographische Skizzen 1894–1905 (Bibl.-Nr. 33)

Luzifer-Gnosis. Grundlegende Aufsätze zur Anthroposophie und Berichte aus der Zeitschrift «Luzifer» und «Lucifer-Gnosis» 1903–1908 (Bibl.-Nr. 34)

Philosophie und Anthroposophie. Gesammelte Aufsätze 1904–1918 (Bibl.-Nr. 35)

Der Goetheanumgedanke inmitten der Kulturkrisis der Gegenwart. Gesammelte Aufsätze aus der Wochenschrift «Das Goetheanum» 1921–1925 (Bibl.-Nr. 36)

III. Veröffentlichungen aus dem Nachlaß

Briefe – Wahrspruchworte – Bühnenbearbeitungen – Entwürfe zu den Vier Mysteriendramen 1910–1913 – Anthroposophie. Ein Fragment aus dem Jahre 1910 – Gesammelte Skizzen und Fragmente – Aus Notizbüchern und -blättern (Bibl.-Nrn. 38–47)

Zweite Abteilung: Das Vortragswerk

I. Öffentliche Vorträge

Die Berliner öffentlichen Vortragsreihen («Architektenhaus-Vorträge») 1903/04 bis 1917/18 (Bibl.-Nrn. 51–67)

Öffentliche Vorträge, Vortragsreihen und Hochschulkurse an anderen Orten Europas 1906–1924 (Bibl.-Nrn. 68–84)

II. Vorträge vor Mitgliedern der Anthroposophischen Gesellschaft

Vorträge und Vortragszyklen allgemein-anthroposophischen Inhalts – Evangelien-Betrachtungen – Christologie – Geisteswissenschaftliche Menschenkunde – Kosmische und menschliche Geschichte – Die geistigen Hintergründe der sozialen Frage – Der Mensch in seinem Zusammenhang mit dem Kosmos – Karma-Betrachtungen (Bibl.-Nrn. 91–244)

Vorträge und Schriften zur Geschichte der anthroposophischen Bewegung und der Anthroposophischen Gesellschaft (Bibl.-Nrn. 251–263)

III. Vorträge und Kurse zu einzelnen Lebensgebieten

Vorträge über Kunst: Allgemein-Künstlerisches – Eurythmie – Sprachgestaltung und Dramatische Kunst – Musik – Bildende Künste – Kunstgeschichte (Bibl.-Nrn. 271–292)

Vorträge über Erziehung (Bibl.-Nrn. 293–311)

Vorträge über Medizin (Bibl.-Nrn. 312–319)

Vorträge über Naturwissenschaft (Bibl.-Nrn. 320–327)

Vorträge über das soziale Leben und die Dreigliederung des sozialen Organismus (Bibl.-Nrn. 328–341)

Vorträge für die Arbeiter am Goetheanumbau (Bibl.-Nrn. 347–354)

Dritte Abteilung: Das künstlerische Werk

Reproduktionen und Veröffentlichungen aus dem künstlerischen Nachlaß

Originalgetreue Wiedergaben von malerischen und graphischen Entwürfen und Skizzen Rudolf Steiners in Kunstmappen oder als Einzelblätter

Die Bände der Rudolf Steiner Gesamtausgabe sind innerhalb einzelner Gruppen einheitlich ausgestattet. Jeder Band ist einzeln erhältlich. Ausführliche Verzeichnisse können beim Verlag angefordert werden.